Spanish Phrase Book

2500 Super Helpful Phrases and Words You'll Want for Your Trip to Spain or South America

© Copyright 2019

All Rights Reserved. No part of this book may be reproduced in any form without permission in writing from the author. Reviewers may quote brief passages in reviews.

Disclaimer: No part of this publication may be reproduced or transmitted in any form or by any means, mechanical or electronic, including photocopying or recording, or by any information storage and retrieval system, or transmitted by email without permission in writing from the publisher.

While all attempts have been made to verify the information provided in this publication, neither the author nor the publisher assumes any responsibility for errors, omissions or contrary interpretations of the subject matter herein.

This book is for entertainment purposes only. The views expressed are those of the author alone, and should not be taken as expert instruction or commands. The reader is responsible for his or her own actions.

Adherence to all applicable laws and regulations, including international, federal, state and local laws governing professional licensing, business practices, advertising and all other aspects of doing business in the US, Canada, UK or any other jurisdiction is the sole responsibility of the purchaser or reader.

Neither the author nor the publisher assumes any responsibility or liability whatsoever on the behalf of the purchaser or reader of these materials. Any perceived slight of any individual or organization is purely unintentional.

Table of Contents

INTRODUCTION 1
CHAPTER 1 – PRONUNCIATION.. 3
CHAPTER 2 – BASIC VOCABULARY 10
    DEFINITE ARTICLES 10
    INDEFINITE ARTICLES 11
    BASIC POLITENESS 12
    BASIC VERBS 12
    GREETINGS 13
CHAPTER 3 – QUESTIONS AND ANSWERS 15
    BASIC QUESTIONS 15
    YES AND NO 16
    CONJUGATED VERBS 17
CHAPTER 4 – PRONOUNS 19
    PERSONAL PRONOUNS 19
    ATONAL PERSONAL PRONOUNS 21
    DEMONSTRATIVE PRONOUNS 22
CHAPTER 5 – PREPOSITIONS 23

CHAPTER 6 – BASIC VERBS 28
INFINITIVE VERBS 28
CONJUGATED VERBS 30

CHAPTER 7 – ABSTRACT NOUNS 32

CHAPTER 8 – EVERYDAY OBJECTS 37

CHAPTER 9 – ADJECTIVES I: QUALITIES 41

CHAPTER 10 – ADJECTIVES II: QUANTITIES 45

CHAPTER 11 – ADVERBS 49
QUANTITY 49
QUALITY 52
MODE 52

CHAPTER 12 – CONJUNCTIONS AND RELATIVE PRONOUNS ... 54
CONJUNCTIONS 54
RELATIVE PRONOUNS 57

CHAPTER 13 – POSSESSIVES 59

CHAPTER 14 – INDEFINITE PRONOUNS 63

CHAPTER 15 – MATTER 68
NOUNS 68
ADJECTIVES 71

CHAPTER 16 – SPACE 72
BASIC VOCABULARY 72

CHAPTER 17 – MOVEMENT 76
NOUNS 76
VERBS 77
ADJECTIVES AND ADVERBS 79

CHAPTER 18 – ACTIONS 81

CHAPTER 19 – TIME 86

CHAPTER 20 – DATE AND TIME 91
CALENDAR 91

DAY	93
CLOCK	94

CHAPTER 21 – DAYS OF THE WEEK, MONTHS, SEASONS 96

DAYS OF THE WEEK	96
MONTHS	97
SEASONS	99
OTHER CONCEPTS	100

CHAPTER 22 – NUMBERS 101

BASIC VOCABULARY	101
NUMBERS	102

CHAPTER 23 – PEOPLE 106

BASIC VOCABULARY	106
AGES	107
ATTRIBUTES	108
ADJECTIVES	109

CHAPTER 24 – BODY 111

NOUNS	111
WHEN I WAS LITTLE, I ONCE BROKE A BONE WHILE PLAYING FOOTBALL WITH SOME FRIENDS – CUANDO ERA PEQUEÑO, UNA VEZ ME ROMPÍ UN HUESO MIENTRAS JUGABA AL FÚTBOL CON UNOS AMIGOS	113
THE SENSES	113

CHAPTER 25 – FAMILY AND FRIENDS 116

NOUNS	116
VERBS	120

CHAPTER 26 – LOVE 121

CONJUGATED VERBS AND INFINITIVE VERBS	121
NOUNS	123
STATUS	124

CHAPTER 27 – FEELINGS 126

    Conjugated verbs 126
    Adjectives 128
    Nouns 129

CHAPTER 28 – TRAVELING 131
    Conjugated and infinitive verbs 131
    Nouns 133
    Accommodation 133
    Transportation 134

CHAPTER 29 – FOOD (PART I) 136
    Ingredients 136
    Drinks 138
    Adjectives 139

CHAPTER 30 – FOOD (PART II) 141
    Verbs 141
    Nouns 142

CHAPTER 31 – HOME 146
    Basic vocabulary 146
    Rooms 147
    Furniture 148
    Objects 149

CHAPTER 32 – MEASUREMENT AND SHAPES 151
    Units of measurement 151
    Geometry 152

CHAPTER 33 – ART 156
    Nouns 156
    Verbs 158
    Adjectives 159

CHAPTER 34 – COLORS 161
    Primary and secondary colors 161

    Other colors 162

    Other vocabulary 164

CHAPTER 35 – MUSIC 165

    Verbs 165

    Nouns 166

    Instrumentos 168

    Adjectives 168

CHAPTER 36 – MONEY 170

    Nouns 170

    Verbs 172

    Conjugated verbs 173

    Adjectives 174

CHAPTER 37 – SHOPPING 175

    Nouns 175

    Clothes and accessories 176

CHAPTER 38 – COMMUNICATION 180

    Verbs 180

    Conjugated verbs 181

    Nouns 183

CHAPTER 39 – READING AND WRITING 185

    Nouns 185

    Verbs 188

CHAPTER 40 – STUDYING 189

    Nouns 189

    Verbs 191

    Institutions 192

    People 192

CHAPTER 41 – WORK (PART I) 194

    Nouns 194

- ADJECTIVES 196
- CONJUGATED VERBS 197

CHAPTER 42 – WORK (PART II) 199
- POSITIONS 199
- PROFESSIONS 200

CHAPTER 43 – FREE TIME (PART I) 204
- NOUNS 204
- VERBS 206

CHAPTER 44 – FREE TIME (PART II) 209
- SPORTS 209
- VERBS 210
- NOUNS 211

CHAPTER 45 – NATURE (PART I) 213
- BASIC VOCABULARY 213
- ENVIRONMENT 214

CHAPTER 46 – NATURE (PART II) 218
- PLANTS 218
- ANIMALS 219

CHAPTER 47 – GEOGRAPHY (PART I) 223
- NOUNS 223
- THE GLOBE 226

CHAPTER 48 – GEOGRAPHY (PART II) 228
- THE CONTINENTS 228
- COUNTRIES 230
- NOUNS 231
- LANGUAGES 231

CHAPTER 49 – THE CITY 233
- NOUNS 233
- SIGNS 235

CHAPTER 50 – SOCIETY, CULTURE, AND ECONOMY 238
  BASIC VOCABULARY 238
  ADJECTIVES 240
CHAPTER 51 – TECHNOLOGY 243
  NOUNS 243
  VERBS 245
CONCLUSION 248

Introduction

Spanish is the official language of twenty countries. If you are reading this book, then you are probably planning on visiting one of these.

Whether you are traveling for work, studies or just holidays, here you will find 2,500 words and sentences that will help you speak fluently with locals and other travelers. After the first chapter, which is about Spanish pronunciation, you will find 50 chapters with specific vocabulary about every possible subject you can imagine: actions, objects, adjectives, materials, time, space, nature, countries, money, people, culture, shopping, and much more.

In each chapter, you will find 25 words, next to their English translation. Afterward, you will find an example sentence, where you will find the word used in context.

Traveling without knowing the language is an option, of course (yes, a lot of people speak English), but it is just not the same! A new language will open doors so that you can experience new opportunities, meet new friends, and create new relationships—in other words, experience a whole new world! For example, you will be able to understand books in Spanish that are not yet translated, and pop into any cinema in Latin America or Spain to enjoy a good local movie without the need for subtitles.

This phrase book will give you the tools to communicate effectively and fit into the Spanish-speaking world so you can achieve all this.

All the former being said, use this book and travel as much as you can, to dive into Spanish-speaking cultures, read novels and newspapers in Spanish, watch films, eat Spanish and Latin American food with locals and learn their recipes, and make Spanish-speaking friends.

And remember: learning a new language and becoming fluent should always be fun, even if you make some mistakes on your way!

Chapter 1 – Pronunciation

The very first thing you need to know when learning a new language is its pronunciation. But don't worry: you will not be driven crazy with phonetic symbols or complicated rules.

You will simply be shown the basic Spanish sounds and compare them with similar sounds in English. If you have heard Spanish before—and nowadays it is very probable that you have—you might know some of it already.

In other languages, like English or French, letters are pronounced in many different ways. Think of how the letter *e* sounds in English when you say *eleven* and what happens when you say *elephant*. In French, you will find that there are five different ways of pronouncing *e*.

Luckily, for you, Spanish pronunciation is quite simple: the letter *e*, for example, is always pronounced in the same way. Actually, most of the 27 letters from the Spanish alphabet are pronounced in *only one way*.

Of course, there are a few exceptions, but they are not very complicated to remember—since they are quite similar in English. And there is at least one sound that is very difficult for English-speakers—actually, for everybody who doesn't speak Spanish: the rolling *r* sound, as in *perro* (*dog*), *república* (*republic*), or *rico* (*rich*).

Spanish pronunciation can also be a bit tricky because there are many Spanish-speaking countries, and the pronunciation of some letters varies quite a bit among them, mainly when it comes to consonants. The same thing happens in English-speaking countries.

This book will focus on "neutral" Spanish, and some big differences that you might find from country to country, so you will be ready to talk your way through Spain and Latin America!

The letter *a* is always pronounced like the *a* in *Alice*.

You will find this sound in words like *casa* (*house*), *paz* (*peace*), and *mamá* (*mom*).

The letter *b* in Spanish is not very different to the *b* in English, but in English, it sounds harder when it is at the beginning of a word (as in *bottle*); while in Spanish, it is always a soft sound (as in *problem*).

You will find this sound in words like *bebé* (*baby*), *abuelo* (*grandfather*), and *bonito* (*pretty*).

The letter *c* in Spanish, just as in English, can have three sounds:

> The first sound is like the *c* in *corridor*. *C* always sounds like this when it is placed before *a, o, u,* and when it is placed before consonants (except *h*), as in words like *cosa* (*thing*), *cuento* (*tale*), and *cama* (*bed*).

> The second *c* sound is the same as the *s* sound. It sounds this way when it is placed before *e* and *i*, as in *círculo* (*circle*), *cien* (*a hundred*), and *cerilla* (*match*).

> You fill find the third sound when *c* comes before *h*, which sounds like the *ch* in *chest*. You will find it in words like *chocolate* (*chocolate*), *chiste* (*joke*), and *colchón* (*mattress*).

The letter *d* in Spanish is very similar to the *d* in English (as in *day*) but slightly softer.

You can practice this sound in words such as *cuadrado* (*square*), *dinosaurio* (*dinosaur*), and *dedo* (*finger*).

The letter *e* is always pronounced as the *e* in *elephant*.

You will find this sound in words like *verde* (*green*), *pez* (*fish*), and *bebé* (*baby*).

The letter *f* in Spanish sounds just like the English *f*, in words like *fight*.

You will find this sound in Spanish words like *café* (*coffee*), *fuego* (*fire*), and *feliz* (*happy*).

The letter *g* in Spanish can have a soft and hard sound:

> You get the soft *g* when it comes before *a, o, u,* and consonants. In these cases, it sounds like the English *g* sound in *groceries*. You can find this sound in words like *gusto* (*taste*), *gracias* (*thanks*), and *gato* (*cat*).
>
> You will also find this sound when there is a combination of letters, *gue* and *gui*. In these combinations, the *u* is mute, not pronounced, just as it happens in English in *guilty* or *guest*. You can find this sound in Spanish words such as *guitarra* (*guitar*) and *guerra* (*war*). The *u* is only pronounced when there is a dieresis (two little dots) on top of it, as in *antigüedad* (*antique*) or *pingüino* (*penguin*), but this is not really common.
>
> The hard *g* sound in Spanish is similar to the English *h* sound in *heaven*. You will find this sound when *g* is placed before letters *e* and *i*, as in *girasol* (*sunflower*) or *gente* (*people*).

The letter *h* in Spanish is never pronounced when it is not placed after a *c*.

You will normally find it at the beginning of words, such as *huevo* (*egg*) or *hielo* (*ice*), but it can also be placed in the middle of words such as *almohada* (*pillow*). There is only one situation where *h* has a sound: when it is placed after a *c*, as in *chocolate* (*chocolate*).

The letter *i* always sounds like the *i* in *intelligence* or the *ee* in *meet* (when it is stressed).

You will find this sound in words like *inglés* (*English*), *argentino* (*Argentinian*), or *salir* (*to go out*).

The letter *j* in Spanish sounds like the Spanish *g* before letters *e* and *i*.

It sounds harder than the English *h* in words like *heaven*. You can find this sound in words such as *jefe* (*boss*), *joven* (*young*), and *jamón* (*ham*).

The letter *k* is not used in many Spanish words, but it is used in some words like *kilo* (*kilo*) and *kiosco* (*kiosk*).

It sounds just like *c* when it is placed before letters *a*, *o*, *u*, and consonants, as in *comer* (*to eat*).

The letter *l* in Spanish sounds just like the *l* in English.

You can find this sound in words such as *loco* (*crazy*) or *limón* (*lemon*).

However, when two *l*'s are placed together, the *l* sound changes. The *ll* sound is different in different countries and regions. Depending on the place where you are, it could be pronounced like the Spanish *i*, like the combination of letters *li*, like the English *y* in *yesterday*, like the *j* in *Jupiter*, or like the *sh* in *shoe*.

There is no "right" way to pronounce this combination of letters. If you are going to a specific place, you can research how they pronounce it in that place. Otherwise, pick your favorite!

You will find the *ll* combination in words like *pollo* (*chicken*), *lluvia* (*rain*), and *calle* (*street*).

The letter *m* in Spanish sounds like the *m* in English, as in *music*. You will find this letter in words like *mejor* (*better*) and *miedo* (*fear*).

The letter *n* in Spanish sounds like the *n* in English, as in *nutmeg*. You will find this letter in words like *nada* (*nothing*) and *nunca* (*never*).

The letter *ñ* sounds like the combination *ni*, as in *knit*.

You will find this letter in words like *español* (*Spanish*). Some other words with *ñ* are *señal* (*signal*), *dueño* (*owner*), and *contraseña* (*password*).

The letter *o* sounds like the *o* in *tongue*.

You can find this sound in words like *lobo* (*wolf*), *loco* (*crazy*), and *tomate* (*tomato*).

The letter *p* in Spanish sounds slightly softer than the English *p*. It is similar to the English *b* in *beauty*. You will find this sound in words like *rápido* (*fast*) and *perro* (*dog*).

The letter *q* is only used in Spanish in the combination of letters *que* and *qui*, in which the *u* is silent and the *q* sounds like the strong *c*.

You will find letter *q* in words like *quizás* (*maybe*) and *queso* (*cheese*).

The letter *r* has two different sounds in Spanish, a soft sound and a hard sound:

> The strong *r* sound is very difficult for non-Spanish speakers, so if you want to roll your *r* like a local, you need to try to place your tongue in the front of your palate, right behind your teeth, and try to make air pass through until it sounds like a starting engine. You will need this sound for words that start with *r*, like *rata* (*rat*), and for words that have a double *r*, like *perro* (*dog*).
>
> When you are ready to roll your *r*, here is a very popular Spanish tongue-twister for you: *erre con erre guitarra, erre con erre carril, mira que rápido ruedan las rápidas ruedas del ferrocarril.*
>
> The soft *r* is easier, and it sounds like the American sound for *t* in *water*. You will use the soft *r* in words like *cara* (*face*), *toro* (*bull*), and *paraguas* (*umbrella*).

The letter *s* always sounds like the *s* in *snake*.

You will find this sound in words like *silla* (*chair*) or *sol* (*sun*).

The letter *t* sounds stronger than the American *t* and a bit softer than the British *t*.

You will find this sound in words like *tomate* (*tomato*) and *techo* (*roof*).

The letter *u* always sounds like the *oo* in *pool* or like the English *w* in *water*.

You will find this sound in words like *luna* (*moon*), *ducha* (*shower*), and *duda* (*doubt*).

The letter *v* sounds similar to the English *v*—maybe a bit softer and sometimes not really different to *b* (a really normal mistake when writing in Spanish is to mix *b* and *v*).

You will find this sound in words like *vaca* (*cow*) and *vaso* (*glass*).

The letter *w* is not really common in Spanish, though it is included in the Spanish alphabet. It is only used in words with a foreign origin, like those that come from English.

It is pronounced like the English *w* and you will find it in words like *kiwi* and *show*, which mean the same as in English.

The letter *x* is also not really common in Spanish, but it is used more than *k* and *w*. It sounds like a strong *c* and an *s* put together, just like in English. You will use it in words like *taxi* (*taxi*) and *conexión* (*connection*).

The letter *y* has two different sounds:

> It sounds like the Spanish *i* (like the *i* in *intelligence* or the *ee* in *meet*) in words like *y* (*and*) or *hoy* (*today*).

> It can sound like the Spanish *ll* and also sounds different in different Latin American countries and Spain: it is pronounced like the Spanish *i*, the English *y* in *yellow*, the *j*

in *jello,* or the *sh* in *show.* You will find it in really common words like *yo* (*I*) and *ya* (*now*).

The letter *z* is pronounced, in some countries, like an *s*, but in some others, like Spain, it sounds similar to the *th* in *with* or *throne.* You will use the *z* in words like *cazar* (*to hunt*) and *zorro* (*fox*).

With a few exceptions, as you can see, Spanish pronunciation is quite simple when it comes to vowels and very similar to English when it comes to consonants. Don't go crazy with the rolling *r* though. Some people try to say it right for years, and they still cannot do it! The important thing is that your pronunciation is good enough for people to understand you and that you have fun while learning.

Watching films in Spanish and listening to songs, audiobooks and podcasts in Spanish are great ideas to loosen up your tongue and broaden your vocabulary. And you even might learn a bit more about the Spanish-speaking culture!

Chapter 2 – Basic Vocabulary

As explained in the introduction, in each chapter, you are presented with 25 words or concepts and 25 phrases where you will find these words in context. Additionally, using *italics*, some explanations are added.

In this chapter, you will be introduced to some of the most basic everyday words that you will definitely need to speak and understand Spanish from day one.

Do not hesitate in going back to the previous chapter to get the pronunciation right!

Definite articles

*As you will see in this section, there are five ways of saying "the" in Spanish. This is because there is one of these articles for masculine singular nouns (*el*), one for feminine singular nouns (*la*), one for masculine plural nouns (*los*), and one for feminine plural nouns (*las*). The fifth one is a neutral definite article,* lo, *that is used next to abstract concepts sometimes.*

the – el (*masculine singular*)

The child loves playing football – **El** niño ama jugar al fútbol

the – la (*feminine singular*)

The hotel's reception is very nice – **La** recepción del hotel es muy bella

the – los (*masculine plural*)

People from Argentina drink a beverage called "mate" – **Los** argentinos toman una bebida que se llama "mate"

the – las (*masculine plural*)

Bolivian mountains are very tall – **Las** montañas de Bolivia son muy altas

the – lo (*neutral*)

The most important thing during a trip is to try new things – **Lo** más importante de un viaje es probar cosas nuevas

Indefinite articles

While in English, there are two indefinite articles, a and an, in Spanish, there are four indefinite articles. Just as it happened with the definite articles, they have a correspondence with masculine, feminine, singular, and plural nouns. The plural indefinite articles can be translated as "some" in English.

a – un

We need **a** menu, please – Necesitamos **un** menú, por favor

a – una

Today we will make **a** quick visit to the Museum of Fine Arts of Buenos Aires – Hoy haremos **una** visita rápida al Museo de Bellas Artes de Buenos Aires

some – unos

We had **some** wonderful sunny days during the entire trip – Hemos tenido **unos** días soleados maravillosos durante todo el viaje

some – unas

I would like to eat **some** grapes after dinner – Me gustaría comer **unas** uvas después de la cena

Basic politeness

These words will take you far! Remember: being polite is very important in almost every culture, especially in Latin American and Spanish cultures. In some countries, people tend to be more formal than in others, but in all of them, saying "please" and "thank you" is very important.

please – por favor

Could you **please** point me to the main station? – ¿Podría señalarme el camino hacia la estación central, **por favor**?

thank you – gracias

Thank you for your help! – ¡**Gracias** por su ayuda!

excuse me – disculpe

Excuse me, could you tell me the name of this street? – **Disculpe**, ¿podría decirme cuál es el nombre de esta calle?

I am sorry – perdón

I am sorry, I did not know you also wanted to take this taxi – **Perdón**, no sabía que usted también quería tomar este taxi

I am sorry – lo siento

I am sorry, but I do not have any cash on me – **Lo siento**, pero no tengo efectivo

Basic verbs

These five verbs are very common in the Spanish language, and you will use them a lot. Sometimes it is difficult for English speakers to grasp the difference between "ser" and "estar" because they both translate as "to be". The difference is that "ser" is normally used

for permanent statuses, while "estar" is used for temporary situations. The verbs in the infinitive forms will now be presented, but in the example sentences, you will use them conjugated to show you how they work:

to be – ser

I am Laura; **I am** an anthropologist – Yo **soy** Laura; **soy** antropóloga

to be – estar

I am tired of **being** here – **Estoy** cansado de **estar** aquí

to have – tener

I have a plane ticket for next Tuesday – **Tengo** un pasaje de avión para el martes que viene

to do – hacer

What do **we do** this afternoon? – ¿Qué **hacemos** esta tarde?

to go – ir

Tomorrow **I am going to go** to Cartagena – Mañana **voy** a **ir** a Cartagena

Greetings

Finally, these are some expressions you will most certainly need to interact with anyone you meet on your trip!

hello – hola

Hello, my name is Santiago, what's your name? – **Hola**, mi nombre es Santiago, ¿cómo te llamas tú?

good morning – buen día

Good morning, I want a coffee and two pieces of toast with tomato, please – **Buen día**, quiero un café y dos tostadas con tomate, por favor

good afternoon – buenas tardes

Good afternoon, sir, could you tell me where the nearest subway station is? – **Buenas tardes**, señor, ¿podría decirme dónde está la estación de metro más cercana?

good evening/goodnight – buenas noches

Goodnight! See you tomorrow morning – **¡Buenas noches!** Nos vemos mañana por la mañana

bye – chau

Bye, see you later – **Chau**, nos vemos luego

goodbye – adiós

Goodbye, it was a pleasure to meet you – **Adiós**, fue un placer conocerte

Chapter 3 – Questions and Answers

What's your name? How old are you? Where is the train station? Questions (and answers) make up a great part of spoken language. In this chapter, because of this, basic vocabulary will be introduced where you will need to make and understand questions, and give a reply.

Basic questions

In English, they are called the 5 Ws: what, where, why, when, and who. In Spanish, these words do not start with a W, but they are still very important to communicate with others and, especially, to make questions. Remember: when writing, they all have a "tilde", that little mark on top of some vowels. The same words also exist without the tilde when they are not part of a question.

what? – ¿qué?

What do you want to eat tonight? – ¿**Qué** quieres comer esta noche?

where? – ¿dónde?

Where is the port? – **¿Dónde** está el puerto?

why? – **¿por qué?**

Why are there so many people here? – **¿Por qué** hay tanta gente aquí?

when? – **¿cuándo?**

When is the market opening? – **¿Cuándo** abre el mercado?

who? – **¿quién?**

Who is going out tonight? – **¿Quién** quiere salir esta noche?

how? – **¿cómo?**

How do you want to pay? – **¿Cómo** quiere pagar?

which? – **¿cuál?**

Which one of these is your car? – **¿Cuál** de estos es tu automóvil?

how much? – **¿cuánto?**

How much pasta do we need to cook for eight people? – **¿Cuánta** pasta necesitamos cocinar para ocho personas?

how many? – **¿cuántos?**

How many days are you staying here? – **¿Cuántos** días te quedarás aquí?

Yes and no

In the previous section, you were introduced to the basic words you need to make a question. What happens when you need to reply? Yes, no, maybe... You will definitely need these:

yes – sí

Yes, I like Peruvian music very much – **Sí**, me gusta mucho la música peruana

no – no

No, I do **not** like rainy days – **No, no** me gustan los días lluviosos

perhaps – tal vez

Perhaps we could stay in and watch a movie tonight – **Tal vez** podemos quedarnos y ver una película esta noche

maybe – quizá/quizás

Maybe it will rain tomorrow; let's not plan anything yet – **Quizá** llueva mañana; no hagamos planes todavía

sure – claro

Sure! I will go on a hike with you! – **¡Claro!** ¡Iré de excursión contigo!

of course - por supuesto

Of course I paid: here is the receipt – **Por supuesto** que he pagado: aquí está el recibo

Conjugated verbs

Finally, to answer some of the most normal questions you will be asked when meeting someone new, you will need to know some basic conjugation forms for some of the most common verbs. These will be useful to explain who you are, how old are you, where you come from...

I am – soy

I am Pedro; **I am** the hotel's manager – **Soy** Pedro; **soy** el gerente del hotel

you are – eres

Are you Venezuelan as well? – ¿Tú también **eres** venezolano?

I am – estoy

Currently, **I am** working in a law firm in Barcelona – Actualmente, **estoy** trabajando en un estudio de abogados en Barcelona

you are – estás

How **are you**? – ¿Cómo **estás**?

My name is – me llamo

My name is Valeria – **Me llamo** Valeria

Your name is – te llamas

What **is your name?** – ¿Cómo **te llamas**?

I have – tengo

I have a house in Madrid – **Tengo** una casa en Madrid

you have – tienes

How many dresses do you have? – ¿Cuántos vestidos **tienes**?

I go – voy

Every year **I go** to visit my family in Costa Rica – Todos los años **voy** a visitar a mi familia en Costa Rica

you go – vas

Are you going to the supermarket? I am coming with you; I have to buy some things – ¿**Vas** al supermercado? Iré contigo; tengo que comprar algunas cosas

Chapter 4 – Pronouns

Language is mainly used to describe actions, and actions are normally carried out by subjects. To speak, you need to know pronouns. There are "personal pronouns", such as *I, you, he, she*, but there's also *us, them* and *me* and *this* and *that*.

Personal pronouns

You might know that the personal pronoun for "you" is tú. *However, in this section, you will be surprised to find that there are actually six words that can be translated as "you".*

First of all, there's **tú**, *which is used in Spain and most of Latin America.*

However, there's also **vos**, *which is used in Argentina, Uruguay, and some regions of other countries. Conjugation for this pronoun is different than the "tú" conjugation, but you only have to learn it if you are traveling to one of these specific regions.*

Then, there's the formal "you", which is **usted**. *This pronoun is used in some countries more than others, but basically, you need to use it* *with older people or in formal academic or professional situations. "Usted" is conjugated as "he/she (él/ella)".*

*For the plural "you", there is **vosotros** and its feminine **vosotras**, which are used mainly in Spain.*

*In Latin America, the plural "you" is normally **ustedes**, which is neutral (it has no masculine/feminine version). Ustedes is conjugated as "they (ellos/ellas)".*

I – yo

My name is Ignacio; **I** am an architect – **Yo** me llamo Ignacio; **yo** soy arquitecto

you – tú

Do **you** know what time the next bus leaves for Valparaíso? – ¿**Tú** sabes a qué hora sale el próximo bus para Valparaíso?

you – usted

Excuse me, are **you** the manager of the restaurant? – Disculpe, ¿**usted** es el encargado del restaurante?

you – vos

What part of Argentina are **you** from? – ¿De qué parte de Argentina sos **vos**?

he – él

He is a tango singer – **Él** es cantante de tango

she – ella

She is Ana; **she** is my friend – **Ella** es Ana; **ella** es mi amiga

it – ello

I do not know anything about **it** – No sé nada sobre **ello**

we – nosotros/nosotras (*masculine/feminine*)

We have been traveling around Spain for two months – **Nosotras** estamos viajando por España desde hace dos meses

you – vosotros/vosotras (*masculine/feminine*)

Are **you** brothers? **You** are very similar – ¿**Vosotros** sois hermanos? Sois muy parecidos

you – ustedes

We do not have any more water. Do **you** have something to drink? – No tenemos más agua. ¿**Ustedes** tienen algo de beber?

they – ellos/ellas (*masculine/feminine*)

They love going to the beach – **Ellas** aman ir a la playa

Atonal personal pronouns

me – me

Javier called **me** to tell **me** that we are meeting later at the cinema – Javier **me** ha llamado para decir**me** que nos encontraremos más tarde en el cine

you – te

How are **you** feeling today? – ¿Cómo **te** sientes hoy?

him/her - le

I talked to Andrea; I asked **her** to bring something to eat – He hablado con Andrea; **le** he pedido que traiga algo de comer

it/her – la (*feminine*)

This is my sister; her name is Camina, but we call **her** 'Cami' – Esta es mi hermana; se llama Camila, pero **la** llamamos 'Cami'

it/him – lo (*masculine*)

This is my car; I bought **it** last year – Este es mi automóvil; **lo** compré el año pasado

us – nos

My grandmother gave **us** a trip for our wedding – Mi abuela **nos** regaló un viaje por nuestra boda

you – os

I only ask **you** to call me when you get there – Solo **os** pido que por favor me llaméis cuando lleguéis

them – les

I asked my parents to send me some money – **Les** he pedido a mis padres que me envíen un poco de dinero

them – las (*feminine*)

Did you find the carrots? I put **them** in the fridge – ¿Has encontrado las zanahorias? **Las** puse en la heladera

them – los (*masculine*)

I cannot find the maps; did we bring **them**? – No encuentro los mapas; ¿**los** hemos traído?

he/she/it/they – se

Do you remember my old car? I gave **it** to my son – ¿Recuerdas mi viejo coche? **Se** lo di a mi hijo

Demonstrative pronouns

When it comes to demonstrative pronouns, there is a masculine version, a feminine version, and a neutral version for each of them. "Este" can be translated as "this" and both "ese" and "aquel" can be translated as "that".

this – este/esta/esto (*masculine/feminine/neutral*)

This is my house – **Esta** es mi casa

that – ese/esa/eso (*masculine/feminine/neutral*)

That is my car – **Ese** es mi automóvil

that – aquel/aquella/aquello (*masculine/feminine/neutral*)

Remember **that** thing I told you the other night – Recuerda **aquello** que te dije la otra noche

Chapter 5 – Prepositions

Spanish prepositions are sometimes a bit confusing for English speakers, especially when it comes to the difference between *por* and *para*, and when it comes to choosing between *en* and *a* in some specific cases. With just those few exceptions, though, the use of prepositions is quite similar to English. In this chapter, you will find 25 prepositions or prepositional constructions and practical sentences so you can learn how to use them properly.

to – a

Since I'm sick, I asked Carlos to go **to** the university **to** find the book I need – Como estoy enfermo, le pedí **a** Carlos que fuera **a** la universidad **a** buscar el libro que necesito

to the – al

When the preposition "a" comes before the definite article "el", the two words are contracted into a single word: "al", which can be literally translated as "to the".

I asked Catalina's father if he can take the girls **to the** movies tomorrow – Le pregunté al padre de Catalina si puede llevar a las niñas **al** cine mañana

with – con

I'm going to have some drinks **with** Francisco after work – Voy a ir a tomar algo **con** Francisco después del trabajo

with me – conmigo

Come **with me**; I have something to show you – Ven **conmigo**; tengo algo que mostrarte

with you – contigo

Do you want me to go **with you** to the supermarket or do you prefer to go alone? – ¿Quieres que vaya **contigo** al supermercado o prefieres ir solo?

of/from – de

Jeremiah, the boy **from** Colombia, asks if we want something **to** drink – Jeremías, el muchacho **de** Colombia, pregunta si queremos algo **de** beber

of the – del

Just as it happens with the preposition "al", when the preposition "de" comes before the definite article "el", the two words are contracted into a single word: "del", which can be literally translated as "from de" or "of the".

Look, it's the actor **from the** TV commercial! – ¡Mira, es el actor **del** anuncio de televisión!

from/since – desde

You can use "desde" to talk about space, but also to talk about time.

Since last Tuesday I am doing, on foot, the road that goes **from** Santiago de Compostela to Santander – **Desde** el martes pasado estoy haciendo, a pie, el camino que va **desde** Santiago de Compostela hasta Santander

in/at/on/during – en

During my holidays, I will spend as much time as possible **on** the beach... or **in** bed – **En** mis vacaciones, voy a pasar la mayor parte posible de mi tiempo **en** la playa... o **en** la cama

between – entre

Between the corner shop and the cinema, there is a small supermarket – **Entre** la tienda de la esquina y el cine, hay un pequeño supermercado

for/to – para

To better understand the difference between "para" and "por", have in mind that "para" normally refers to a goal or an objective, while "por" refers to a cause.

I need a pen **to** complete this form – Necesito un bolígrafo **para** completar este formulario

by/on/because of – por

As stated, the big difference between "para" and "por" is that "para" normally refers to a goal or an objective, while "por" refers to a cause. "Por" can also be used to talk about space.

Because of you, the car broke down, and now we are forced to walk **on** the highway – **Por** tu culpa, el automóvil se ha averiado, y ahora estamos obligados a caminar **por** la autopista

without – sin

This food is very healthy; you can eat **without** feeling guilty – Esta comida es muy sana; puedes comer **sin** culpa

over/above – sobre

The Aconcagua is very high: the top is **above** the clouds – El Aconcagua está muy alto: la cima está **sobre** las nubes

until/to – hasta

Just as in English, "until" can be used both for time and space.

I'm going to travel **until** I run out of money; I hope I can get **to** Mexico – Voy a viajar **hasta** quedarme sin dinero; espero poder llegar **hasta** México

towards – hacia

I'm traveling **towards** San Sebastian; I can leave you in your house – Estoy viajando **hacia** San Sebastián; puedo dejarte en tu casa

during – durante

I hope to see many things **during** my trip! – ¡Espero ver muchas cosas **durante** mi viaje!

against – contra

Tonight Barcelona is playing **against** Real Madrid – Esta noche el Barcelona juega **contra** el Real Madrid

before/in the presence of – ante

First of all, I would like to thank those who have cooked – **Ante** todo, me gustaría agradecer a quienes han cocinado

according to – según

According to the map, we are going the right way – **Según** el mapa, estamos yendo por el camino correcto

through – a través de

I am very afraid to go **through** the jungle – Me da mucho miedo pasar **a través de** la selva

next to/together with – junto con/a

Every day, during lunch, I sit **next to** Celeste, but we never talk – Todos los días, durante el almuerzo, me siento **junto a** Celeste, pero nunca hablamos

after/behind – tras

After visiting the ruins, we can go to eat something – **Tras** visitar las ruinas, podemos ir a comer algo

through – mediante

Through an interpreter, he told me about the traditions of the place – **Mediante** un intérprete, me contó sobre las tradiciones del lugar

except – excepto/salvo

I like to be outdoors, **except** when it rains – Me gusta mucho estar al aire libre, **excepto** cuando llueve

Chapter 6 – Basic Verbs

In this chapter, you will learn some very common verbs in Spanish you should understand and know how to use. You don't necessarily need to learn all the conjugations, but just the ones that you will use more frequently. For this reason, this chapter has two sections, one with infinitive verbs and one with conjugated verbs.

Infinitive verbs

Conjugations in Spanish are a little more difficult than conjugations in English—even though it is not always necessary to conjugate verbs. Sometimes, when you combine them with other verbs, you can just use them in the infinitive form. One of the most common structures for the future tense, for example, is the verb "ir (to go)" + infinitive. A structure to talk about your desires is the verb "querer (to want)" + infinitive. There are other structures like these in some practical sentences:

to take – llevar

I will **take** my kids to the park, and then to the movies – Voy a **llevar** a mis hijos al parque, y luego al cine

to try – tratar

I'm going **to try** to go to your birthday party, but I'm not sure I can go – Voy a **tratar** de ir a tu fiesta de cumpleaños, pero no estoy segura de poder ir

to try – intentar

Can you **try** to open this jar? It's very hard! – ¿Puedes **intentar** abrir este frasco? ¡Está muy duro!

to ask for/to order – pedir

I want **to order** a taxi, but I do not have a phone number – Quiero **pedir** un taxi, pero no tengo ningún número de teléfono

to allow/to let – permitir

Are you going **to let** your mother talk to me like that? – ¿Vas a **permitir** que tu madre me hable de ese modo?

to keep/to remain – mantener

In case the alarm sounds, it is important **to remain** calm – En caso de que suene la alarma, es importante **mantener** la calma

to do – realizar

During all these years, I have been able **to perform** many feats – Durante todos estos años, he podido **realizar** muchas hazañas

to use – utilizar/usar

Do you know how **to use** this video game console? – ¿Sabes **utilizar** esta consola de videojuegos?

to start – empezar/comenzar

We are going **to start** the trip in Ecuador – Vamos a **empezar** el viaje en Ecuador

to start – iniciar

You can **start** a claim on our website – Puedes **iniciar** un reclamo en nuestro sitio web

to finish – terminar/acabar

Someday this bad weather has **to end** – Algún día este mal clima tiene que **terminar**

to wait – esperar

The stewardess says we should **wait** until after takeoff to order drinks – La azafata dice que debemos **esperar** hasta después del despegue para pedir bebidas

to avoid – evitar

To **avoid** having your wallet stolen in Barcelona, you must pay close attention to people around you – Para **evitar** que te roben la cartera en Barcelona, debes prestar mucha atención a la gente que te rodea

to take advantage of – aprovechar

We should **take advantage of** this sunny day – Deberíamos **aprovechar** este día soleado

to stay – quedar

Today I will **stay** at home – Hoy me voy a **quedar** en casa

Conjugated verbs

it seems/it looks like – parece

It looks like it's going to rain this afternoon; take an umbrella with you! – **Parece** que va a llover esta tarde; ¡sal con paraguas!

I prefer – prefiero

I really like strawberries, but **I prefer** blackberries – Me gustan mucho las fresas, pero **prefiero** las moras

I have – he

This verb, "haber", is only used as an auxiliary verb. It's not the same as the verb "tener (to have)", which indicates possession.

I have never traveled alone... yet! - Jamás **he** viajado solo... ¡todavía!

I usually – suelo

As you might notice, "suelo" is also a noun, which means "floor", but these two words are very different. In this case, "suelo" comes from the verb "soler", which means "to usually do something".

I usually go running every morning – **Suelo** ir a correr todas las mañanas

you can – puedes

Can you help me with my dress zipper? – ¿**Puedes** ayudarme con la cremallera de mi vestido?

I want – quiero

I want to eat tacos tonight, what do you think? – **Quiero** comer tacos esta noche, ¿qué les parece?

we have to – debemos

We would love to stay, but **we have to** get on board of our plane soon – Nos encantaría quedarnos, pero **debemos** tomar el avión pronto

it depends – depende

I do not know if I want to go out tonight... **It depends** on how the weather is – No sé si quiero salir esta noche... **Depende** de cómo esté el clima

it consists of – consiste en

The excursion **consists of** a three-hour walk and a half-way lunch – La excursión **consiste en** una caminata de tres horas y un almuerzo a mitad de camino

it constitutes/it is – constituye

What **is** your problem? – ¿En qué **constituye** tu problema?

Chapter 7 – Abstract Nouns

In this chapter, you are not going to learn about typical objects (i.e., "pencil", "house", "table"); instead, you will study abstract nouns, which are not always included in books like this one. However, according to research, they are a very important part of the language.

something – algo

I have **something** to tell you; it is something that I have been hiding from you for a long time – Tengo **algo** que decirte; es **algo** que te he estado ocultando por mucho tiempo

all/everything – todo

I am one of those people who want it **all**, and want it now – Soy de esas personas que lo quieren **todo**, y lo quieren ahora

nothing – nada

I have **nothing** to hide; there is **nothing** you do not know about me – No tengo **nada** que ocultar; no hay **nada** que no sepas de mí

part – parte

A **part** of me is satisfied, but another **part** of me wants to continue eating cake until it is over – Una **parte** de mí esta satisfecha, pero otra **parte** de mí quiere seguir comiendo pastel hasta que se acabe

the whole/the set - el conjunto

When you see the picture detail by detail, it is very confusing, but when you see **the whole**, from a distance, you understand it – Cuando ves el cuadro detalle por detalle, es muy confuso, pero cuando ves **el conjunto**, desde lejos, lo comprendes

the case – el caso

I know we were thinking of cooking Spanish omelette tonight, but **the case** is that all the eggs broke on the way here! – Sé que pensábamos cocinar tortilla esta noche, ¡pero **el caso** es que se han roto todos los huevos en el camino!

the way – la manera

I do not like **the way** the hotel receptionist talks to me; I think she should talk to me in a friendlier **way** – No me gusta **la manera** en que me habla la recepcionista del hotel; creo que debería hablarme de **manera** más amable

the way – el modo

Look at **the way** the llamas are running! They are very funny! – ¡Mira **el modo** en que corren las llamas! ¡Son muy graciosas!

the kind/type – el tipo

This is **the kind** of city I would like to return to many more times – Este es **el tipo** de ciudad al que me gustaría volver muchas veces más

the side – el lado

I am always on my son's **side**; not because he is my son, but because he is a very good person – Siempre estoy del **lado** de mi hijo; no porque es mi hijo, sino porque es muy buena persona

the problem – el problema

The problem of global warming seems to be more serious than it was estimated at the beginning – **El problema** del calentamiento global parece ser más grave de lo que se estimaba en un comienzo

the middle – el medio

There are no crocodiles in **the middle** of the swamp; they are always close to the shores – En **el medio** del pantano no hay cocodrilos; siempre están cerca de las orillas

the order – el orden

Before we leave the apartment we have rented, we have to put things in **order** – Antes de irnos del apartamento que hemos alquilado, tenemos que poner las cosas en **orden**

the possibility – la posibilidad

We have made an error in the booking dates: is there **the possibility** that you have a free room tonight? – Hemos cometido un error en las fechas de reserva: ¿existe **la posibilidad** de que tenga alguna habitación libre esta noche?

the decision – la decisión

I have made **the decision** to go live in Argentina for a while – He tomado **la decisión** de ir a vivir a Argentina por un tiempo

the plan – el plan

Our **plan** is to visit several cities in Spain and choose the one we like the most to go and live there when we finish university – Nuestro **plan** es recorrer varias ciudades de España y escoger la que más nos guste para ir a vivir allí cuando terminemos la universidad

the use – el uso

The use of these hats is related to the agricultural activity in the area – **El uso** de estos sombreros está relacionado con la actividad agrícola de la zona

the opportunity – la oportunidad

We have **the opportunity** to visit a place that is normally closed for tourists – Tenemos **la oportunidad** de visitar un lugar que normalmente está cerrado para los turistas

the mistake – el error

I made **the mistake** of eating too much before getting on the plane – He cometido **el error** de comer demasiado antes de subir al avión

the purpose/the intention – el propósito

Our **intention** is to meet local people and customs, not to go to the most tourist sites – Nuestro **propósito** es conocer gente y costumbres locales, no ir a los sitios más turísticos

the destination/the destiny – el destino

Our next **destination** is Lima, then we will go to the famous Machu Picchu – Nuestro próximo **destino** es Lima, luego iremos al famoso Machu Picchu

the solution – la solución

I have a **solution** to our problem: we can rent bicycles and arrive there on time – Tengo una **solución** para nuestro problema: podemos alquilar unas bicicletas y llegar a tiempo

the thought – el pensamiento

The thought that crossed my mind when I met you was that you were very smart – **El pensamiento** que se cruzó por mi mente cuando te conocí fue que eras muy inteligente

the respect – el respeto

You must have a lot of **respect** for nature here; otherwise, the local people will ask you to leave – Debes tener mucho **respeto** por la naturaleza aquí; de otro modo, la gente del lugar te pedirá que te marches

the beauty – la belleza

The beauty of this site is undoubtedly in its people – **La belleza** de este sitio está en su gente, sin duda

Chapter 8 – Everyday Objects

Now that you learned some abstract nouns, you can move forward to basic everyday objects—although you will find more in the rest of the book, in different thematic chapters.

the box – la caja

Inside that **box**, I have all my high school books; we could donate it – Dentro de esa **caja,** tengo todos mis libros de la secundaria; podríamos donarla

the bin – el cesto

I cannot find the trash **bin**; could you tell me where it is? – No encuentro **el cesto** de la basura; ¿podría indicarme dónde se encuentra?

the envelope – el sobre

Yesterday an **envelope** with my name arrived at the hotel: it was a letter from my grandmother, wishing me luck for the rest of the trip! – Ayer llegó al hotel un **sobre** con mi nombre: ¡era una carta de mi abuela, deseándome suerte para el resto del viaje!

the scissors – las tijeras

We need to borrow a pair of **scissors** from the reception to open this package – Necesitamos pedir unas **tijeras** en la recepción para abrir este paquete

the needle – la aguja

I always travel with a **needle** and thread. Believe me; if you like adventure tourism, you will learn to do the same – Siempre viajo con **aguja** e hilo. Créeme; si te gusta el turismo de aventura, aprenderás a hacer lo mismo

the flag – la bandera

The flag of Argentina is very similar to **the flag** of Uruguay... I wonder why – **La bandera** de Argentina es muy parecida a **la bandera** de Uruguay... me pregunto por qué

the battery – la batería

My phone's **battery** is dying; you have a portable **battery**, right? – **La batería** de mi teléfono está muriendo; tú tienes una **batería** portátil, ¿verdad?

the match – la cerilla/el fósforo

Remember that we must buy **matches** before we leave; otherwise, we will not be able to make the campfire – Recuerden que debemos comprar **fósforos** antes de partir; de otro modo, no podremos hacer la fogata

the lighter – el encendedor

In case we do not get matches, we can buy a **lighter**, it's the same – En caso de que no consigamos fósforos, podemos comprar un **encendedor**, es lo mismo

the nail – el clavo

It was a great day until I stepped on a rusty **nail** and had to go to the hospital – Era un día genial hasta que pisé un **clavo** oxidado y tuve que ir al hospital

the hammer – el martillo

Last month was my mother's birthday: I gave her a **hammer**—since she loves tools – El mes pasado fue el cumpleaños de mi madre: le regalé un **martillo**—ya que ama las herramientas

the screw – el tornillo

Where can we buy **screws** at this time? – ¿Dónde podemos comprar **tornillos** a esta hora?

the rope – la cuerda/la soga

To climb the mountain, we must buy a special **rope** – Para escalar la montaña, debemos comprar una **cuerda** especial

the dice – el dado/los dados

We want to play this board game, but **the dice** are missing – Queremos jugar a este juego de mesa, pero **los dados** no están

the card – la carta

I will do a magic trick in which I will guess your **card** – Haré un truco de magia en el que adivinaré tu **carta**

the soap – el jabón

Excuse me, there's no soap in the bathroom – Disculpe, no hay jabón en el baño

the towel – la toalla

I have never stolen anything in my life, not even a hotel **towel** – Jamás he robado nada en mi vida, ni siquiera **la toalla** de un hotel

the microphone – el micrófono

Tonight, at the party, we can do karaoke. We just have to get a **microphone** – Esta noche, en la fiesta, podemos hacer karaoke. Solo tenemos que conseguir un **micrófono**

the headphones – los auriculares

I think I left my **headphones** on the bus! – ¡Creo que he dejado mis **auriculares** en el bus!

the toy – el juguete

I must buy new **toys** for my dog; he has already destroyed all the **toys** he had – Debo comprar nuevos **juguetes** para mi perro; ya ha destrozado todos los **juguetes** que tenía

the candle – la vela

In the middle of the trip, my boyfriend prepared a dinner with **candles** for me on the terrace of our apartment in Madrid and proposed to me – En mitad del viaje, mi novio me preparó una cena con **velas** en la terraza de nuestro apartamento en Madrid y me propuso matrimonio

the clock – el reloj

My wrist watch says it is 10:02, the **clock** on my phone says it is 10:05, and the **clock** in the square says it is 10:04 – Mi **reloj** pulsera dice que son las 10:02, el **reloj** de mi teléfono dice que son las 10:05, y el **reloj** de la plaza dice que son las 10:04

the machine – la máquina

The bar's coffee **machine** is broken, so we can only choose between tea, orange juice or water – La **máquina** de café del bar está rota, por lo que solo podemos elegir entre té, jugo de naranja o agua

the thing – la cosa

What is this **thing** that I bought in the market? – ¿Qué es esta **cosa** que me vendieron en el mercado?

the object – el objeto

I do not care about **the object** itself, but its meaning – No me importa **el objeto** en sí, sino su significado

Chapter 9 – Adjectives I: Qualities

Adjectives affect nouns and are necessary to describe them. In this chapter, some adjectives have been selected that are normally used to talk about the qualities of people and, in some cases, of objects. Having a broad range of adjectives will make you sound much more proficient in Spanish and let you express a wider range of ideas.

kind – amable

My grandfather was a very **kind** man. He always gave me books, and he used to take me and my siblings to fun places – Mi abuelo era un hombre muy **amable**. Siempre me regalaba libros, y nos llevaba a mí y a mis hermanos a pasear a lugares divertidos

nice/good – bueno/buena

The idea behind almost every religion is that people should be **good** – La idea en el fondo de casi todas las religiones es que la gente debería ser **buena**

lucky/fortunate – afortunado/afortunada

Juana has been accepted in all the universities she applied to; she is very **fortunate** – Juana ha sido aceptada en todas las universidades que solicitó; es muy **afortunada**

smart – inteligente

It's not about being **smart**; it's a matter of studying and enjoying the learning process – No es cuestión de ser **inteligente**; es cuestión de estudiar y disfrutar el proceso de aprendizaje

comfortable – cómodo/cómoda

This sofa is really **comfortable**. I think we should buy it, although I do not know if we can afford it because it seems very expensive – Este sofá es realmente **cómodo**. Creo que deberíamos comprarlo pero no sé si nos lo podemos permitir, porque parece muy caro

perfect – perfecto/perfecta

Nobody is **perfect**! – ¡Nadie es **perfecto**!

special – especial

I have a very **special** announcement to make: Leandro and I are going to be parents! – Tengo un anuncio muy **especial** que hacer: ¡Leandro y yo vamos a ser padres!

common/ordinary – común/normal

I do not have very expensive things; I have an **ordinary** telephone – No tengo cosas muy caras; tengo un teléfono **común** y corriente

rare/odd/strange – raro/rara

Something very **strange** happened to me this afternoon – Algo muy **raro** me sucedió esta tarde

exact – exacto/exacta

Could you tell me the **exact** amount so that we can make a refund? – ¿Podría indicarme el importe exacto para que podamos realizar un reembolso?

clear – claro/clara

The sea is very **clear** today: fish can be seen swimming – El mar está muy **claro** hoy: pueden verse los peces nadando

own – propio/propia

I had my **own** car for some years – Tuve mi **propio** auto por algunos años

personal – personal

Today I will not be able to work because I have a **personal** problem – Hoy no podré trabajar porque tengo un problema **personal**

general – general

In **general**, I prefer to watch movies at home, but sometimes I like to go to the cinema – En **general**, prefiero ver películas en mi casa, pero a veces me gusta ir al cine

specific – específico/específica

I do not feel like going out tonight, but it's not for any **specific** reason – No tengo ganas de salir esta noche, pero no es por ninguna razón **específica**

main – principal

The **main** reason we want to travel to Mexico is because of the food – El motivo **principal** por el que queremos viajar a México es por la comida

such – tal

Analía closed the door in **such** a way that it is impossible to open it – Analía cerró la puerta de **tal** forma que es imposible abrirla

different – diferente

We do not want to do the typical tourist trip; we want to do something **different** – No queremos hacer el típico viaje turístico, queremos hacer algo **diferente**

different – distinto/distinta

Argentine food is very **different** from the rest of Latin America – La comida Argentina es muy **distinta** de la cocina del resto de Latinoamérica

at all/absolute – absoluto/aboluta

I do not care **at all** what others think; I want to travel and be free – No me interesa en **absoluto** qué piensen los demás; yo quiero viajar y ser libre

simple – simple

Things are very **simple** here; they are not complicated like in big cities – Las cosas son muy **simples** aquí; no son **complicadas** como en las grandes ciudades

interesting – interesante

I have read something very **interesting** about this town: every year they make a demonstration with costumes – He leído algo muy **interesante** sobre este pueblo: todos los años hacen una marcha con disfraces

similar – parecido/similar

The dishes of Ecuador are not **similar** to those of Peru – Los platos de Ecuador no son nada **similares** a los de Perú

extraordinary – extraordinario

In the last city we stayed in, we stayed in an **extraordinary** hotel – En la última ciudad en la que estuvimos, nos alojamos en un hotel **extraordinario**

important – importante

In this city, traditions are very **important** – En esta ciudad, las tradiciones son muy **importantes**

Chapter 10 – Adjectives II: Quantities

This chapter addresses different adjectives as those from the previous chapter. These are related to quantities, and you will find them very useful to buy things and to order food, among other things.

each/every – cada

Every time I speak Spanish with the local people, they tell me that my pronunciation is very good – **Cada** vez que hablo español con las personas locales, me dicen que mi pronunciación es muy buena

sufficient/quite – bastante

The water that we have for the excursion is **quite** cold – El agua que tenemos para la excursión está **bastante** fría

sufficient/enough – suficiente

I do not have **enough** battery on my phone to call you. Let's talk later when I get to the hotel – No tengo **suficiente** batería en el teléfono para llamarte. Hablemos más tarde cuando llegue al hotel

so much – tanto/tanta

I am **so** sleepy; I would like to go to a nice park and just nap – Tengo **tanto** sueño; que me gustaría ir a un parque bonito y simplemente dormir una siesta

so – tan

My son is **so** shy that he hides in his room every time we have visitors – Mi hijo es **tan** tímido que se esconde en su habitación cada vez que tenemos visitas

some/any – algún/alguno/alguna

Do **any** of you have a jacket to lend me? I feel very cold – ¿**Alguno** de ustedes tiene una chaqueta para prestarme? Tengo mucho frío

none/no – ningún

None of the dishes that we have tried in the Basque Country so far has displeased me – **Ningún** plato de los que hemos probado en el País Vasco hasta ahora me ha disgustado

none – ninguno/ninguna

None of them speaks Spanish, so you should talk to me so that I can translate – **Ninguno** de ellos habla español, por lo que deberás hablar conmigo para que yo traduzca

big – grande/gran

I have a **big** problem: I have lost my passport. Do you know who I should call? – Tengo un **gran** problema: he perdido mi pasaporte. ¿Sabe a quién debería llamar?

small/young – pequeño/pequeña

My daughter is very young; she still does not know how to tie her shoelaces alone, but I'll show her soon – Mi hija es muy **pequeña**; aún no sabe atarse los cordones sola, pero pronto le enseñaré

small – chico/chica

These shoes are too **small**: they don't fit – Estos zapatos son demasiado **chicos**: no me caben

new – nuevo/nueva

In the commercial center of Bogotá, I bought some **new** headphones – En el centro comercial de Bogotá, he comprado unos auriculares **nuevos**

old – viejo/vieja

This bread must be **old** because it is very hard! – ¡Este pan debe ser **viejo** porque está muy duro!

bigger/older – mayor

My **older** brother is doing a PhD in Economics in the United States, but he will come soon to visit – Mi hermano **mayor** está haciendo un doctorado en Economía en los Estados Unidos, pero pronto vendrá de visita

smaller/younger – menor

My fish is **smaller** than yours, but I still feel very proud of having caught something – Mi pescado es **menor** que el tuyo, pero aún así me siento muy orgulloso de haber pescado algo

long – largo/larga

The movie that we went to watch at the movies was very **long**, but it was so interesting that it did not seem so long – La película que fuimos a ver al cine era muy **larga**, pero era tan interesante que no lo pareció

short – corto/corta

We could take a **shorter** walk this afternoon; it's too hot! – Podríamos hacer una caminata más **corta** esta tarde; ¡hace demasiado calor!

deep – profundo/profunda

How **deep** is this pool? Is it safe for children? – ¿Cómo de **profunda** es esta piscina? ¿Es segura para los niños?

full – lleno/llena

When we rented the car, they gave it to us with a **full** tank and we have to return it with a **full** tank – Cuando alquilamos el automóvil, nos lo dieron con el tanque de combustible **lleno** y debemos devolverlo con el tanque **lleno**

empty – vacío/vacía

The refrigerator is **empty**; we should go buy supplies for the weekend – El refrigerador está **vacío**; deberíamos ir a comprar provisiones para el fin de semana

total – total

Today's plan was a **total** success – El plan de hoy fue un éxito **total**

whole/complete – entero/entera

I'm going to take a **whole** year to travel through South America – Voy a tomarme un año entero para viajar por Sudamérica

another – otro/otra

Could you order **another** beer for me? I do not have any left – ¿Podrías pedir **otra** cerveza para mí? Ya no tengo

same – mismo/misma

I want to eat the **same** thing I ate yesterday – Quiero comer lo **mismo** que comí ayer

only/just – solo

For this Christmas, I do not want expensive gifts or extravagant food; I **just** want to spend time with my family – Para estas navidades, no quiero regalos caros ni comida extravagante; **solo** quiero pasar tiempo con mi familia

Chapter 11 – Adverbs

Just as adjectives affect nouns, adverbs are used to describe verbs! These words are necessary to carry out any kind of conversation, whether casual or formal. There are many types of adverbs: time adverbs, frequency adverbs, adverbs of manner, and many more. In this chapter, adverbs are divided into those that are used to express quantities, describe quality, and finally, some manner adverbs (those that normally end in -*ly* in English, such as *really*).

Quantity

more – más

Every year that goes by, **more** tourists come to these beaches; soon we will have to find a new place to bathe – Cada año que pasa vienen **más** turistas a estas playas; pronto tendremos que buscar un nuevo sitio para bañarnos

less/fewer – menos

There are **fewer** jobs in the industry, but more jobs in computer science and design – Hay **menos** trabajos en la industria, pero más trabajos en informática y diseño

as/like – como

The sea urchin tastes **like** fish, but a little softer – El erizo de mar sabe **como** el pescado, pero un poco más suave

like this – así

This is how you dance salsa, with your whole body; not just with your feet – La salsa se baila **así**, con todo el cuerpo; no solo con los pies

very – muy

I am **very** anxious about my trip to Spain – Estoy **muy** ansioso por el viaje que haré a España

a lot/many – mucho/mucha

I always wanted to know Barcelona and Madrid, but I will also go to **many** other beautiful cities – Siempre quise conocer Barcelona y Madrid, pero además iré a **muchas** otras ciudades preciosas

also – también

I spoke with my mother, but **also** with my grandmother, with my father and with my cousins – Hablé con mi madre, pero también con mi abuela, con mi padre y con mis primos

neither – tampoco

I do not know how to cook well, and **neither** do I intend to learn to do it; luckily, my wife is a chef – No sé cocinar bien, y **tampoco** tengo intención de aprender a hacerlo; por suerte, mi esposa es chef

even – incluso

Here everybody in town, **even** the children, know how to play the drum – Aquí todas las personas del pueblo, **incluso** los niños, saben tocar el tambor

also/additionally/in addition – además

In addition to preparing a salad, we could make some rice to go with the fish, do you agree? – **Además** de preparar una ensalada, podríamos hacer un poco de arroz para acompañar el pescado, ¿te parece?

a little bit – un poco

Put just a **little** bit of salt on the food because the bananas are already salty – Pon solo **un poco** de sal a la comida porque los plátanos ya son de por sí salados

so /so much – tanto

Last night I was **so** sleepy that I fell asleep while watching the movie – Anoche tenía **tanto** sueño que me dormí mientras veíamos la película

only – solo/solamente

I **only** saw the first five minutes! – ¡**Solo** vi los primeros cinco minutos!

almost – casi

Yesterday we **almost** crashed when we were coming here in a taxi; luckily nothing happened because the taxi driver managed to stop in time – Ayer **casi** chocamos cuando veníamos aquí en taxi; por suerte no pasó nada porque el taxista logró frenar a tiempo

barely – apenas

I **barely** saw you, and I knew we would be good friends – **Apenas** te vi, ya sabía que seríamos buenos amigos

together – juntos

This will be the first time that Jorge and I will travel **together**; I think everything will be fine – Esta será la primera ocasión en la que Jorge y yo viajemos **juntos**; creo que todo saldrá bien

Quality

well – bien

My mother writes very **well**; she has received numerous awards for her stories and novels – Mi madre escribe muy **bien**; ha recibido numerosos premios por sus cuentos y sus novelas

wrong/badly – mal

I know how to drive, but I do it very **badly**; I should take some more lessons before buying a car – Sé conducir, pero lo hago muy **mal**; debería tomar algunas lecciones más antes de comprarme un automóvil

better – mejor

This is the best ice cream I have eaten in my whole life – Este es el mejor helado que he comido en mi vida

worse – peor

I never thought we would see a hostel **worse** than the one we stayed in when we were traveling in Brazil – Jamás pensé que veríamos un hostal **peor** que aquel en el que nos hospedamos cuando estábamos viajando por Brasil

Mode

really – realmente

I would love to go to the museum, but I am **really** tired; could we go tomorrow? – Me encantaría ir al museo, pero estoy **realmente** cansado; ¿podríamos ir mañana?

simply – simplemente

After cutting the tomatoes, you **simply** have to mix them with the avocado and the onions – Después de cortar los tomates, **simplemente** debes mezclarlos con el aguacate y con la cebolla

totally – totalmente

I **totally** agree with you: we have walked too much already; now it's time to eat something and to rest – Estoy **totalmente** de acuerdo contigo: ya hemos caminado demasiado; ahora es hora de comer algo y descansar

especially – especialmente

I am **especially** happy to have chosen this city to live because I have met my girlfriend here – Estoy **especialmente** contenta de haber elegido esta ciudad para vivir porque aquí he conocido a mi novia

completely – completamente

This neighborhood is very safe, we are **completely** safe here, you have nothing to worry about – Este barrio es muy seguro, estamos **completamente** a salvo, no tienes nada de qué preocuparte

Chapter 12 – Conjunctions and Relative Pronouns

In this chapter, you will find conjunctions and relative pronouns. Conjunctions are used to link different elements of a sentence. They are words such as *and* and *or*.

Conjunctions

In Spanish, two words mean "and" and two words mean "or". Do not worry! In general, you just use "y" for "and" and "o" for "or", but there are two alternatives for the cases in which these words are placed right before another word that starts with the same sound.

This is why, in Spanish, you do not say "Sofía es linda y inteligente" ("Sofía is pretty and smart"), which would be very difficult to pronounce, but "Sofía es linda e inteligente." It does not matter that "y" and "i" are not the same letter; it is about the "ee" sound being repeated.

In the case of "or", you normally use "o", except when the conjunction is placed before a word that starts with "o": instead of "este o otro" ("this one or another one"), you say "este u otro."

and – y

A few days ago, I went with my parents to eat at the port, **and** then we went to eat chocolate ice cream – Hace algunos días, fui con mis padres a comer al puerto, **y** luego fuimos a comer un helado de chocolate

and – e

These are Lara **and** Ines; Lara is my daughter **and** Agnes is my niece – Estas son Lara **e** Inés; Lara es mi hija **e** Inés es mi sobrina

or – o

Do you want to eat at a restaurant **or** do you prefer that we buy something to cook and eat at home? – ¿Quieres ir a comer a un restaurante **o** prefieres que compremos algo para cocinar y comamos en casa?

or – u

When you think a phrase is too redundant **or** obvious, you can delete it – Cuando creas que una frase es demasiado redundante **u** obvia, puedes eliminarla

nor/not even – ni

My wallet has been stolen in the subway and I do not have a dime. I do **not even** have enough to get back to the hotel – Me han robado la cartera en el metro y no tengo **ni** un centavo. No tengo **ni** para volver al hotel

if – si

I'll make you a soup, **if** you really feel that bad – Te prepararé una sopa, **si** realmente te sientes tan mal

but – pero

I really want to know the Colombian jungle, **but** I'm afraid to go alone – Tengo muchas ganas de conocer la selva colombiana, **pero** tengo miedo de ir sola

although – aunque

I really liked Palma de Mallorca, **although** I was there only for two days – Me gustó muchísimo Palma de Mallorca, **aunque** fui solo dos días

however – sin embargo

I love Yaiza very much; **however**, she does not want to engage in a serious relationship at the moment – Quiero mucho a Yaiza; **sin embargo**, ella no quiere comprometerse en una relación seria por el momento

nonetheless – no obstante

We are no longer a couple; **nonetheless**, we are very good friends and we have many friends in common – Ya no somos pareja; **no obstante**, somos muy buenos amigos y tenemos muchos amigos en común

but – sino

I'm not a gymnast, **but** a gym teacher – No soy gimnasta, **sino** profesora de gimnasia

so – así que

I was out of work, **so** I had a lot of free time to read at that time; now I work all day and I do not read much – Estaba sin trabajo, **así que** tenía mucho tiempo libre para leer en esa época; ahora trabajo todo el día y no leo mucho

despite/even if – a pesar de

Despite all the efforts I have done, the project of having my own restaurant was a failure – **A pesar de** todo lo que me he esforzado, el proyecto de tener mi propio restaurante fue un fracaso

I mean/that is to say – o sea

I do not like poetry very much... **That is**, it's not that I do not like it; I just do not understand it – No me gusta mucho la poesía… **o sea**, no es que no me guste; sino que no la entiendo

that is to say/which means – es decir

Ana told me that she really wants to eat pizza tonight, **which means** she does not feel like cooking – Ana me ha dicho que tiene muchas ganas de comer pizza esta noche, **es decir** que no tiene ganas de cocinar

because – porque

I am calling you **because** I need help with a mathematical problem that I do not understand – Te he llamado **porque** necesito ayuda con un problema matemático que no comprendo

so/because/since – pues

He feels bad **because** he has eaten too much – Se siente mal **pues** ha comido demasiado

for example – por ejemplo

I always get lost; **for example**, this morning I got lost in the supermarket – Siempre me pierdo; **por ejemplo**, esta mañana me he perdido dentro del supermercado

regarding/as for – en cuanto a

My work is going very well. **As for** my studies, it's a bit difficult for me – Mi trabajo va muy bien. **En cuanto a** mis estudios, se me está haciendo un poco difícil

Relative pronouns

If you remember Chapter 3, "Questions and answers", you might think that in this section, words have been repeated. However, that is not the case. If you pay attention, you will realize that these words that come next are similar to those of Chapter 3, but without the tildes. For this reason, "qué (what)" is not the same as "que (that)", which is why "¿Qué has hecho con la guitarra que te regalé?" can be translated as "'What' did you do with the guitar 'that' I gave you?" The same thing happens with the rest of these relative pronouns, even if they do not translate into two different words in

English, as it happens with donde*:* *"¿*Dónde *está el restaurante* donde *nos conocimos?" means "'Where' is the restaurant 'where' we met?"*

which – que

The cat **that** I adopted is really affectionate, and I am very happy **that** it is part of my life – El gato **que** adopté es realmente cariñoso, y estoy muy contento de **que** sea parte de mi vida

which – el cual/la cual

The original theater, **which** was set on fire in 1918, was reconstructed in a more modern style – El teatro original, **el cual** se prendió fuego en 1918, fue reconstruido en un estilo más moderno

who – quien

I will invite my aunt, **who** has always supported me a lot, to my graduation ceremony – Invitaré a mi tía, **quien** siempre me ha apoyado mucho, a mi ceremonia de graduación

whose – cuyo/cuya

My refrigerator, **whose** lightbulb is broken, is many years old – Mi heladera, **cuya** lamparilla se ha averiado, tiene muchos años

where – donde

We went back to the same restaurant **where** we had gone last night because we liked it a lot – Hemos vuelto al mismo restaurante **donde** habíamos ido anoche porque nos ha gustado mucho

when – cuando

Let me know **when** you're ready to go – Avísame **cuando** estés listo para salir

Chapter 13 – Possessives

Possessives are quite useful to talk about yourself and to talk about others. In this chapter, you will find every possessive adjective and pronoun that you will need to talk about things you or others have. There are neutral possessive adjectives (*mi, tu, su*...) and female/masculine possessive pronouns (*mío, mía, míos, mías*), which you need to use differently depending on if you are talking about masculine, feminine, singular or plural nouns.

my – mi/mis

My grandparents have a house in Miramar, where we go every summer to enjoy the beach – **Mis** abuelos tienen una casa en Miramar, donde vamos todos los veranos para disfrutar de la playa

mine – mío

That is your glass, the one that has black beer; this is **mine** because it has light beer – Ese es tu vaso, el que tiene cerveza negra; este es el **mío** ya que tiene cerveza rubia

mine – mía

The house is **mine**, so my friends pay me a small rent every month – La casa es **mía**, por lo que mis amigos me pagan un pequeño alquiler todos los meses

mine – mías

If you like Claudia's empanadas, wait until you try **mine** – Si te gustan las empanadas de Claudia, espera a probar las **mías**

mine – míos

Could you lend me your pants? **Mine** are not dry yet – ¿Podrías prestarme tus pantalones? Los **míos** aún no están secos

me – mí

My mother has bought a car just for **me** – Mi madre ha comprado un auto solo para **mí**

your – tu/tus

Remember that **your** studies are very important for **your** future – Recuerda que **tus** estudios son muy importantes para **tu** futuro

yours – tuyo

My son is very well. He is in his first year of college. How is **yours**? – Mi hijo está muy bien. Está en su primer año de la Universidad. ¿Cómo está el **tuyo**?

yours – tuya

My bicycle is flat. Could I borrow **yours** to go to the store? – Mi bicicleta está desinflada. ¿Podrías prestarme la **tuya** para ir hasta la tienda?

yours – tuyas

My daughters love books and **yours** too. Maybe they should get together one day – Mis hijas aman los libros y las **tuyas** también. Quizá deberían juntarse algún día

yours – tuyos

These earrings are **yours**, right? – Estos aretes son **tuyos**, ¿verdad?

you – ti

I have a big surprise for **you**: I've got your favorite dessert – Tengo una gran sorpresa para **ti**: he conseguido tu postre preferido

his/her/their – su/sus

Her cats are the most important thing in **her** life – **Sus** gatos son lo más importante en **su** vida

his/hers/its/theirs – suyo

Both birthdays of me and Agustina are in June. For my birthday, we will have a small meeting with friends; for **hers**, we will have a party – Tanto yo como Agustina cumplimos años en junio. Para mi cumpleaños, haremos una pequeña reunión con amigos; para el **suyo,** haremos una fiesta

his/hers/its/theirs – suya

I did not like my hamburger too much; I liked **his** better – No me gustó demasiado mi hamburguesa; me gustó más la **suya**

his/hers/its/theirs – suyos

Have you seen Federico? I think these pencils are **his** – ¿Has visto a Federico? Creo que estos lápices son **suyos**

his/hers/its/theirs – suyas

While my films are for everyone, **hers** are for a very specific audience – Mientras que mis películas son para todo el mundo, las **suyas** son para un público muy específico

ours – nuestra

Our store sells all kinds of groceries and beverages – **Nuestra** tienda vende todo tipo de comestibles y bebidas

ours – nuestro

Our only problem with the new apartment is that there is a bar in the opposite side of the road, so sometimes there is too much noise at night – **Nuestro** único problema con el apartamento nuevo es que hay un bar enfrente, por lo que a veces hay demasiado ruido por las noches

ours – nuestros

Our works are very interesting, but also very exhausting; we are considering resigning and traveling for a while – **Nuestros** trabajos son muy interesantes, pero también muy agotadores; estamos considerando renunciar y viajar por un tiempo

ours – nuestras

Our mothers are best friends; that's why we know each other since we were born – **Nuestras** madres son mejores amigas; por eso nos conocemos desde que nacimos

yours – vuestro

Your son is in the same school as mine, right? – **Vuestro** hijo está en la misma escuela que el mío, ¿verdad?

yours – vuestra

There is an error with **your** reservation, but we can still find you a room – Hay un error con **vuestra** reserva, pero aún así podemos encontrarles una habitación

yours – vuestros

Your seats are in the last row – **Vuestros** asientos están en la última fila

yours – vuestras

Your beds are number 5 and number 6 of room 301 – **Vuestras** camas son la número 5 y la número 6 de la habitación 301

Chapter 14 – Indefinite Pronouns

Unlike personal pronouns, "indefinite" pronouns do not refer to specific persons, things, places or specific amounts. These are *any, some, too many, little*, etc.

any – cualquier

Any surfer knows that the best waves are not at La Concha beach, but at Zurriola beach – **Cualquier** surfista sabe que las mejores olas no están en la playa de la Concha, sino en la Zurriola

anyone – cualquiera

You can give the keys to **any** of the neighbors; I will go look for them later! – Puedes darle las llaves a **cualquiera** de los vecinos; ¡luego yo pasaré a buscarlas!

someone – alguien

Someone I know has gone to live in Costa Rica and says it is truly a paradise – **Alguien** que conozco ha ido a vivir a Costa Rica y dice que es verdaderamente un paraíso

no one/none – ninguno

None of us has gone to college because we come from a place where there were not too many opportunities – **Ninguno** de nosotros ha ido a la universidad porque venimos de un sitio donde no había demasiadas oportunidades

nobody – nadie

Nobody has answered my question: where do you want to go to eat tonight? – **Nadie** ha respondido mi pregunta: ¿a dónde quieren ir a comer esta noche?

everybody – todos

We are **all** chefs: we study at the same university and now we work in the same restaurant – **Todos** nosotros somos cocineros: estudiamos en la misma universidad y ahora trabajamos en el mismo restaurante

several/many – varios

I have **several** days off in August. Maybe we could make a trip to Montevideo – Tengo **varios** días libres en Agosto. Quizá podríamos hacer un viaje a Montevideo

some – algún/alguno

Someday I'll have my own house and I'll invite everyone to dinner – **Algún** día tendré mi propia casa y los invitaré a todos a cenar

another one – otro

I am reading the book you gave me, but I am also reading **another one**, about the history of art in Mexico – Estoy leyendo el libro que me regalaste, pero también estoy leyendo **otro**, sobre la historia del arte en México

another one – otra

Could you give me **another** slice of tortilla? It's delicious! – ¿Podrías darme **otra** porción de tortilla? ¡Está deliciosa!

the others – los demás

I would like to go to the beach, but **the others** want to go to the mall to buy clothes – A mí me gustaría ir a la playa, pero **los demás** tienen ganas de ir al centro comercial a comprar ropa

something – algo

There's **something** I have not told you yet: my parents will come home this weekend – Hay **algo** que no te he dicho aún: mis padres vendrán a casa este fin de semana

nothing – nada

There is **nothing** that makes me happier than seeing my children happy – No hay **nada** que me haga más feliz que ver a mis hijos felices

everything – todo

In the supermarket on the corner, you will find **everything** you need for tonight's dinner - En el supermercado de la esquina, encontrarás **todo** lo que necesitas para la cena de esta noche

the rest – el resto

You are very nice, but I don't really like the **rest** of our classmates – Tú eres muy simpática, pero no me gustan mucho el **resto** de nuestros compañeros de clase

too much/too – demasiado

I would love to keep on walking, but I am **too** cold and would like to return to the hotel – Me encantaría seguir caminando, pero tengo **demasiado** frío y me gustaría volver al hotel

too much – demasiada

There are **too** many people in this store, can we go to another? – Hay **demasiada** gente en esta tienda, ¿podemos ir a otra?

too many – demasiados

I have already made **too many** mistakes in my job; I am afraid of being fired – Ya he cometido **demasiados** errores en mi trabajo; tengo miedo de que me despidan

little – poco

I am a **little** scared: are you sure this area is safe? – Tengo un **poco** de miedo: ¿estás seguro de que esta zona es segura?

little – poca

Sometimes I have **little** confidence in myself, but it is not a serious problem – A veces tengo **poca** confianza en mí mismo, pero no es un problema grave

few – pocos

There are just a **few** bars in this area, but the **few** that are there are excellent – Hay **pocos** bares en esta zona, pero los **pocos** que hay son excelentes

few – pocas

I have **little** doubt about this project: I am convinced that it will work – Tengo **pocas** dudas sobre este proyecto: estoy convencida de que esto va a funcionar

so much – tanto

We have **so much** to do and so little time! – ¡Tenemos **tanto** que hacer y tan poco tiempo!

so much – tanta

I'm **so** hungry I can only think of food – Tengo **tanta** hambre que solo puedo pensar en comida

so many – tantos

There are **so many** countries that I want to visit in Latin America that I think I need a year to visit them all – Hay **tantos** países que quiero visitar en América Latina que creo que necesito un año para visitar todos

Chapter 15 – Matter

What are things made of? Now that you have reached Chapter 15, you are ready to move forward from the very basic words to broaden your vocabulary and learn what materials are called.

Nouns

the wood – la madera

I bought some handmade **wooden** toys for my nephew in the square market – He comprado unos juguetes artesanales de **madera** para mi sobrino en el mercado de la plaza

the metal – el metal

When there is a storm, you should stay away from **metal** objects because they can attract lightning – Cuando hay una tormenta, deberías mantenerte alejado de los objetos de **metal** porque pueden atraer los rayos

the iron – el hierro

In winter, in this area, we cook lentil stews, and we eat a lot of meat, so no one lacks **iron** – En invierno, en esta zona, se cocinan guisos de lenteja, y comemos mucha carne, por eso a nadie le falta **hierro**

the stone – la piedra/la roca

At the top of Machu Picchu there are large **stone** buildings, where the Incas used to perform rituals – En la cima del Machu Picchu hay grandes construcciones de **piedra**, donde antes los incas hacían rituales

the paper – el papel

I bought a handmade bag made with recycled **paper**, do you like it? – He comprado una bolsa artesanal fabricada con **papel** reciclado, ¿te gusta?

the cardboard – el cartón

Inside that **cardboard** box, we are putting away children's books to donate to the library – Dentro de esa caja de **carton**, estamos guardando libros infantiles para donar a la biblioteca

the cement – el cemento

That big **cement** construction is the football stadium of the city club – Esa gran construcción de **cemento** es el estadio de fútbol del club de la ciudad

the steel – el acero

Mariela goes to the gym every day; she has **steel** muscles! – Mariela va todos los días al gimnasio; ¡tiene unos músculos de **acero**!

the gold – el oro

Ramiro bought me a **gold** ring to ask me to marry him! – ¡Ramiro me ha comprado un anillo de **oro** para pedirme que me case con él!

the silver – la plata

In this area, there were important **silver** mines, but there is nothing left now: the Spaniards took everything – En esta zona, había importantes minas de **plata**, pero ya no queda nada: los españoles se llevaron todo

the fabric – la tela

I really like the **fabric** of Amanda's dress. Do you think it's silk? – Me gusta mucho la **tela** del vestido de Amanda. ¿Crees que es seda?

the plastic – el plástico

Plastic bags were banned last year because they are very polluting – Se han prohibido las bolsas de **plástico** el año pasado porque son muy contaminantes

the glass – el vidrio

This morning I broke a **glass** in the kitchen, and there are still pieces of **glass** everywhere – Esta mañana he roto un vaso de **vidrio** en la cocina, y aún hay trozos de **vidrio** por todas partes

the leather – el cuero

I think I found the perfect gift for Dad: in a small shop in the old part of the city they sell some gorgeous **leather** belts – Creo que he encontrado el regalo perfecto para papá: en una pequeña tienda en la zona antigua de la ciudad venden unos cinturones de **cuero** preciosos

the wool – la lana

Every winter, my grandmother knits a **woolen** sweater for me at Christmas; this year, it has a picture of a big snowman – Cada invierno, mi abuela me teje un jersey de **lana** para Navidad; este año, tiene un dibujo de un gran muñeco de nieve

the textile/the tissue – el tejido

There are very original **textiles** in this area, but since they are handmade they are very expensive – Hay **tejidos** muy originales en esta zona, pero como son artesanales son muy caros

the pottery – la cerámica

I really like the **ceramic** pots they sell in the streets of Jujuy; I would like to take some to my house – Me gustan mucho las ollas de **cerámica** que venden en las calles de Jujuy; me gustaría llevar algunas a mi casa

the brick – el ladrillo

The modern art museum is a beautiful **brick** building – El museo de arte moderno es un precioso edificio de **ladrillo**

Adjectives

hard – duro

This bread is very **hard**; we have to go buy some more – Este pan está muy **duro**; tenemos que ir a comprar más

soft – suave

Your kitten is very **soft** – Tu gatito es muy **suave**

physical – físico

I cannot make too much **physical** effort because I had an accident and my neck is hurt – No puedo hacer demasiado esfuerzo **físico** porque tuve un accidente y tengo el cuello lastimado

solid – sólido

Adela leads a very **solid** business project – Adela lidera un proyecto empresarial muy **sólido**

liquid – líquido

What is that green **liquid** in a jar in the refrigerator? – ¿Qué es ese **líquido** verde que hay en un frasco en el refrigerador?

shiny/bright – brillante

My car is not always so **shiny**; I just took it to the car wash – Mi automóvil no siempre está tan **brillante**; acabo de llevarlo al lavadero

rusty – oxidado

I wanted to go cycling, but my bike is **rusty** – Quería salir a montar en bicicleta, pero mi bicicleta está **oxidada**

Chapter 16 – Space

Here, there, left, right, up, down... There are many words to describe space, positions, and locations. If you are planning on traveling to Latin America or Spain, you will definitely need this vocabulary.

Basic vocabulary

space – espacio

We can skate in this parking lot; there is a lot of free **space** – Podemos patinar en este estacionamiento; hay mucho espacio **libre**

here – aquí

Do you live **here**? – ¿Vives **aquí**?

here – acá

While in Chile, they say, "manjar," **here** in Argentina, we say, "dulce de leche" – Mientras que en Chile, le dicen, "manjar," **acá** en Argentina, le decimos, "dulce de leche"

allí – there

There is a really nice restaurant over **there** – Hay un restaurante muy bonito por **allí**

there – ahí

Cannot find your glasses? I think they are **there**, in the second drawer of the desk – ¿No encuentras tus gafas? Creo que están **ahí**, en el segundo cajón del escritorio

there – allá

There in the mountains is a big production of wild fruit, such as blackberries, sweet briar, and berries – **Allá** en las montañas se produce mucho dulce de frutos silvestres, como moras, rosa mosqueta y bayas

left – izquierda

According to the GPS, in two hundred and fifty meters we should turn **left**, and then continue straight for five hundred meters – Según el GPS, en doscientos cincuenta metros deberíamos doblar a la **izquierda**, y luego seguir recto por quinientos metros

right – derecha

On your **right**, you will see a large plantation of grapes that are then used to make white wine – A tu **derecha**, podrás ver una gran plantación de uvas que luego se utilizan para hacer vino blanco

up – arriba

I left my phone charger **up**stairs! – ¡Me he dejado mi cargador **arriba**!

down – abajo

Do not look **down**! – ¡No mires **abajo**!

under – bajo

When it is scared, my cat hides **under** my bed covers – Cuando tiene miedo, mi gato se esconde **bajo** mi acolchado

under/below – debajo

Below the ground there are worms, moles, rocks, and many roots – **Debajo** de la tierra hay lombrices, topos, rocas, y muchas raíces

behind – detrás/atrás/tras

Behind this door there is a large deposit where we store food for the whole winter – **Detrás** de esta puerta hay un gran depósito donde guardamos la comida para todo el invierno

in front of – delante/adelante

In front of the municipal building, there is a restaurant that makes the best pizzas in the city – **Delante** del edificio municipal, hay un restaurante que hace las mejores pizzas de la ciudad

inside – dentro

Inside the house, there are many mosquitoes; we need to get an insecticide – **Dentro** de la casa, hay muchos mosquitos; necesitamos conseguir un insecticida

outside – fuera

It is not recommended to swim **outside** the area guarded by lifeguards. In case of an accident, nobody will be able to help you – No se recomienda nadar **fuera** de la zona vigilada por guardavidas. En caso de que haya un accidente, nadie podrá ayudarlos

the bottom – el fondo

In the **bottom** of my heart, I miss my country a lot, but if I had not come here, I would not have met my wife – En el **fondo** de mi corazón, extraño mucho mi país, pero si no hubiera venido aquí, no hubiera conocido a mi esposa

in front of – frente a

Laura works in a bar **in front of** my office, so we usually see each other every afternoon – Laura trabaja en un bar **frente a** mi oficina, por lo que solemos vernos todas las tardes

close – cerca

Before booking, make sure the apartment is **close** to the beach and **close** to the city center – Antes de reservar, asegúrate de que el apartamento esté **cerca** de la playa y **cerca** del centro de la ciudad

far – lejos

Barcelona is a very big city: the hotel is a bit **far** from Güell Park, but it is very close to the Sagrada Familia – Barcelona es una ciudad muy grande: el hotel está algo **lejos** del parque Güell, pero está muy cerca de la Sagrada Familia

on top of – encima

When we were **on top of** the mountain, we realized that we had forgotten the camera – Cuando estábamos **encima** de la montaña, nos dimos cuenta de que nos habíamos olvidado la cámara de fotos

around – alrededor

In the morning, I went running **around** the park; it's very beautiful. Do you want to go with me tomorrow? – Por la mañana, salí a correr alrededor del parque; es muy bonito. ¿Quieres ir mañana conmigo?

the distance – la distancia

I think the **distance** between where we are and the car is the same **distance** between the hotel and the theater; we could have come walking! – Creo que la **distancia** entre donde estamos y el automóvil es la misma distancia que entre el hotel y el teatro; ¡podríamos haber venido caminando!

interior/inside – interior

Is it okay if we go back **inside** the house? It starts to get cold – ¿Te parece bien si regresamos al **interior** de la casa? Empieza a hacer frío

abroad – exterior

I have many businesses **abroad** – Tengo muchos negocios en el **exterior** del país

Chapter 17 – Movement

Physical actions are normally related to movement. In this chapter, you will find nouns, verbs, and some adjectives related to this aspect of life.

Nouns

the movement – el movimiento

Millions of people live in Mexico City: its streets are in perpetual **movement** – En la Ciudad de México viven millones de personas: sus calles están en continuo **movimiento**

the action – la acción

Your character is not measured by your words but by your **actions**: if you say that you are generous but never give anything to anyone, you are not generous – Tu carácter no se mide por tus palabras sino por tus **acciones**: si dices que eres generoso pero nunca das nada a nadie, no eres generoso

the transformation – la transformación

This town went under a very big **transformation** when they built a highway that goes through it – Este pueblo sufrió una

transformación muy grande cuando construyeron una autopista que pasa por aquí

the speed – la velocidad

I think the maximum **speed** on the roads of Spain is ninety kilometers per hour, but I'm not sure – Creo que la **velocidad** máxima en las carreteras de España es de noventa kilómetros por hora, pero no estoy muy segura

the strength – la fuerza

Where do you get the **strength** to have two jobs? I can barely handle one – ¿De dónde sacas la **fuerza** para tener dos trabajos? Yo apenas puedo con uno

the energy – la energía

In the morning, I always have a lot of **energy**, but at night, I'm always very tired – Por la mañana, siempre tengo mucha **energía**, pero por la noche, siempre estoy muy cansado

the jump – el salto

Camila and I went parachuting! **Jumping** was terrifying, but then the fear became emotion – ¡Camila y yo fuimos a hacer paracaidismo! El **salto** fue terrorífico, pero después el miedo se convirtió en emoción

the fall – la caída

A **fall** from this bridge can be deadly; please be careful where you step – Una **caída** desde este puente puede ser mortal; por favor tengan cuidado dónde pisan

Verbs

to move – mover

Could you **move** your car? I need to leave with mine, but yours is blocking it – ¿Podrías **mover** tu coche? Necesito salir con el mío, pero el tuyo lo está bloqueando

to transform – transformar

According to Greek mythology, King Midas could **transform** everything he touched into gold – Según la mitología griega, el rey Midas podía **transformar** todo lo que tocaba en oro

to continue – continuar/seguir

We should **continue** climbing, but if you are tired, we can rest for a few minutes – Deberíamos **continuar** subiendo, pero si ustedes están cansados, podemos hacer una pausa por unos minutos

to go near/to get close – acercarse

In the museum, it is forbidden **to get** too **close** to the works of art; of course, you cannot touch them either – En el museo, está prohibido **acercarse** demasiado a las obras de arte; por supuesto, tampoco puedes tocarlas

to go away – alejarse

We will return to Peru soon, but we will not go to Lima because Sandra wants **to go away** from the big cities – Volveremos a Perú pronto, pero no iremos a Lima porque Sandra quiere **alejarse** de las grandes ciudades

to go up/to climb – subir

To get to the top of Mount Fitz Roy, you must **climb** almost three thousand five hundred meters; not everyone can do it – Para llegar a la cima del monte Fitz Roy, debes **subir** casi unos tres mil quinientos metros; no todo el mundo puede hacerlo

to go down – bajar

Lucas wants to get out of the car; I think he wants to throw up – Lucas quiere **bajar** del automóvil; creo que quiere vomitar

to stop – detener/parar

Could you **stop** the music for a moment? I cannot hear anything you're telling me – ¿Podrías **parar** la música un momento? No puedo oír nada de lo que me dices

to start – arrancar

I'm late because I cannot **start** my car; I think I'll take a taxi – Estoy llegando tarde porque no logro **arrancar** mi automóvil; creo que tomaré un taxi

to advance/to move forward – avanzar

To move forward in my career, I should get a master's degree or do an internship in a good company – Para **avanzar** en mi carrera, debería hacer un máster o unas practices en una buena empresa

to remain – permanecer

You have the right **to remain** silent – Tienes el derecho de **permanecer** callado

to reach – alcanzar

I do not want to climb the whole mountain, but at least I want **to reach** the base camp – No quiero subir la montaña completa, pero al menos quiero **alcanzar** el campamento base

Adjectives and adverbs

fast – rápido/veloz

Do not drive too **fast**! An accident would ruin our holidays – ¡No conduzcas demasiado **rápido**! Un accidente nos arruinaría las vacaciones

slow – lento

Please, could you speak a little **slower**? My Spanish is not very good yet – Por favor, ¿podrías hablar un poco más **lento**? Mi español no es muy bueno aún

slow – despacio

We are walking very **slowly,** and it is already getting dark, can we go faster? – Estamos caminando muy **despacio,** y ya se está haciendo de noche, ¿podemos ir más rápido?

fluent – fluido

Your Spanish is very **fluent**. How many years have you lived in South America? – Tu español es muy **fluido**. ¿Durante cuántos años has vivido en Sudamérica?

straight – recto

Now we must continue **straight** for about three hundred meters, and then we have to turn to the right – Ahora debemos seguir **recto** por unos trescientos metros, y luego debemos doblar a la derecha

Chapter 18 – Actions

Since you learned basic vocabulary related to movement in the last chapter, now you can move forward to specific actions. Actions and verbs are the core of language, so here are what the basic actions are called in Spanish.

to walk – caminar

Every morning I go to the coast and **walk** for about two hours because my doctor recommended it to me – Todas las mañanas voy a **caminar** a la costa por cerca de dos horas porque me lo recomendó mi médico

to walk – andar

Do you want to take the bus or do you prefer **to walk**? It is the same for me – ¿Quieres tomar el bus o prefieres **andar**? A mí me da igual

to put – poner

I am going **to put** the drinks and the vegetables that we bought in the fridge because the weather is too hot – Voy a **poner** las bebidas y los vegetales que hemos comprado dentro del refrigerador porque hace mucho calor

to keep/to store/to put away – guardar

Is there a safe or a locker in the hotel where I can **store** my valuables? – ¿Hay alguna caja fuerte o un locker en el hotel donde pueda **guardar** mis objetos de valor?

to break – romper

Beware of the glasses; you will **break** them! – Cuidado con las copas; ¡las vas a **romper**!

to look for/to search/to find – buscar

Let's **find** somewhere to eat something. I'm very hungry – Vamos a **buscar** algún sitio para comer algo. Tengo mucha hambre

to find – encontrar

Where can we **find** a phone repair store in this area? – ¿Dónde podemos **encontrar** una tienda que repare teléfonos por esta zona?

to cut – cortar

Could you help me **cut** the onions into small cubes? – ¿Podrías ayudarme a **cortar** las cebollas en cubos pequeños?

to throw – lanzar

Now I am going **to throw** the ball. You must run as far as you can and catch it – Ahora voy a **lanzar** la bola. Tú debes correr lo más lejos que puedas y atraparla

to pick up – recoger

Could you **pick up** our clean clothes before coming home? – ¿Podrías **recoger** nuestra ropa limpia antes de venir a casa?

to support – apoyar

I will always **support** you; I am your father! – Siempre te voy a **apoyar**; ¡soy tu padre!

to take away/to remove – quitar

I will **remove** the snow from the entrance of the house and the garage so we can go for a walk later – Voy a **quitar** la nieve de la entrada de la casa y del garage para que podamos salir a pasear más tarde

to sit down – sentarse

I think there is not even one free spot **to sit down** in the whole park; we could sit on the grass, but it's wet – Creo que en todo el parque no hay ni un sitio libre para **sentarse**; podríamos sentarnos en el pasto, pero está húmedo

to cross – cruzar

Remember to look both ways before **crossing** the streets; here, the motorists are very imprudent – Recuerda mirar a ambos lados antes de **cruzar** las calles; aquí, los automovilistas son muy imprudentes

to sleep – dormir

I think I'm going **to sleep**; I am very sleepy after everything we have done today – Creo que ya me voy a **dormir**; tengo mucho sueño después de todo lo que hemos hecho durante el día de hoy

to fall asleep – dormirse

The baby has just **fallen asleep**; if you want, we can watch a movie or a series – El bebé acaba de **dormirse**; si quieres, podemos ver una película o una serie

to wake up – despertar

To **wake up** without a hangover after a night of partying, I recommend you to drink plenty of water before going to bed – Para **despertar** sin resaca tras una noche de juerga, te recomiendo tomar mucha agua antes de acostarte

to carry – cargar

Maria, can you help me **carry** the shopping bags to the kitchen? Thank you – María, ¿puedes ayudarme a **cargar** las bolsas de la compra hasta la cocina? Muchas gracias

to pull/to throw away – tirar

I think we should **throw** these peaches in the trash; they are beginning to rot – Creo que deberíamos **tirar** estos duraznos a la basura; están empezando a pudrirse

to go back/to return – regresar

My wife and I are looking forward to **returning** to the island of San Andrés, but at this moment we have too much work – Mi esposa y yo tenemos muchas ganas de **regresar** a la isla de San Andrés, pero en este momento tenemos demasiado trabajo

to come back – volver

On Friday, your grandparents will **come back** from their trip to Puerto Rico, so we will prepare dinner at home so they can tell us everything about their trip – El viernes, los abuelos van a **volver** de su viaje a Puerto Rico, por lo que haremos una cena en casa para que nos cuenten todo sobre el viaje

to walk around – recorrer

I would like **to walk around** the city on foot, but it's raining too much – Me gustaría **recorrer** la ciudad a pie, pero está lloviendo demasiado

to take away/to pick up – retirar

We should **pick up** the theater tickets before the show starts – Deberíamos **retirar** las entradas del teatro antes de que comience la función

to send – enviar

I will **send** a message to my boss to explain that I do not feel well and that I will stay at home – Voy a **enviar** un mensaje a mi jefe para explicarle que no me siento bien y que me quedaré en casa

to hold – sostener

Could you **hold** my purse while I search for my car keys, please? – ¿Podrías **sostener** mi bolso mientras busco las llaves de mi auto, por favor?

Chapter 19 – Time

Now that you have looked at space, actions, and movement, it is time to talk about time! If you want to make plans or talk about your past or future, time-related vocabulary is very important for you to communicate fluently with locals.

the time – el tiempo

During all the **time** I spent in South America, I never met people as friendly as in Uruguay – Durante todo el **tiempo** que he pasado en Sudamérica, jamás he conocido gente tan amable como en Uruguay

the past – el pasado

In the **past**, I used to work in a factory, but I am currently a truck driver – En el **pasado**, solía trabajar en una fábrica, pero actualmente soy conductor de camiones

the present – el presente

I think we should enjoy more of the **present** and stop thinking about what we will do when we return home in a couple of weeks – Creo que deberíamos disfrutar más del **presente** y dejar de pensar qué haremos cuando volvamos a casa en un par de semanas

the future – el futuro

I warned you about ticket resellers being usually swindlers: in the **future,** you should be more careful – Te avisé que los revendedores de entradas generalmente son estafadores: en el **future,** deberás tener más cuidado

now – ahora

I gave up my old job a few months ago, and right **now** I am not working – Renuncié a mi antiguo trabajo hace unos meses, y **ahora** mismo no estoy trabajando

right now – ya

I cannot wait; I would like to know if I was accepted at college **right now** – No puedo esperar; me gustaría saber si fui aceptada en la universidad **ya** mismo

before – antes

Before we go back, can we take a picture? – **Antes** de regresar, ¿podemos tomarnos una foto?

just now – recién

Where is my bag?! It was here **just now**; I turned around for a second to talk to you and it disappeared – ¡¿Dónde está mi mochila?! **Recién** estaba aquí mismo; me volteé durante un segundo para hablar contigo y desapareció

after – después

After the show, we can grab a bite somewhere – **Después** del espectáculo, podemos comer algo en algún sitio

later – luego

I asked Cecilia if she is interested in going out with me; she told me that she would not mind going for a drink **later** – Le pregunté a Cecilia si está interesada en salir conmigo; me dijo que no le molestaría ir a tomar un trago **luego**

always/every time – siempre

Every time I visit Montevideo, I come to eat in this place – **Siempre** que visito Montevideo, vengo a comer a este sitio

never – nunca/jamás

I **never** visited Spain before; it is my first time! – **Nunca** antes he visitado España; ¡es mi primera vez!

late – tarde

I really wanted to go to the cinema to see Lucrecia Martel's new movie, but I think it's too **late**: the last show started at 11 – Tenía muchas ganas de ir al cine a ver la nueva película de Lucrecia Martel, pero creo que ya es **tarde**: la última función empezaba a las 11

early – temprano

Tomorrow we should get up very **early** if we want to see everything we plan on seeing – Mañana deberíamos levantarnos muy **temprano** si queremos ver todo lo que planeamos

on time – a tiempo

Susana is very punctual: she always arrives **on time** – Susana es muy puntual: siempre llega **a tiempo**

punctual – puntual

Here, people are not very **punctual**. If you are invited to a birthday party at 8 o'clock in the evening, you should arrive at 9 or 10 o'clock – Aquí, la gente no es muy **puntual**. Si te invitan a una fiesta de cumpleaños a las 8 de la noche, deberías llegar a eso de las 9 o las 10

time – vez

This is the last **time** I follow my father's recommendations: he suggested going to a museum that was very boring – Esta es la última **vez** que sigo las recomendaciones de mi padre: nos sugirió ir a un museo que era muy aburrido

sometimes – a veces

Sometimes I think I chose the wrong profession because it is very difficult to live from art; but then, when I'm painting, I'm convinced that it is the right thing to do – **A veces** pienso que elegí la profesión equivocada porque es muy difícil vivir del arte; pero luego, cuando estoy pintando, me convenzo de que es lo correcto

while – mientras

While you need me, I will be here for you: you are my best friend – **Mientras** tú me necesites, yo estaré aquí para ti: eres mi mejor amigo

so/then – entonces

They have not arrived yet. They should be here already. **Then** what do we do? – No han llegado aún. Ya deberían estar aquí. ¿Qué hacemos, **entonces**?

still/yet – todavía

We want to have children, but not **yet**: maybe in a couple of years when we both have a stable job – Queremos tener hijos, pero **todavía** no: quizá en un par de años cuando ambos tengamos un trabajo estable

still/yet – aún

It is **still** too early to know if it is a girl or a boy, but it really does not matter to us: it will be what it wants to be – **Aún** es muy pronto para saber si es niña o niño, pero realmente no nos interesa: será lo que quiera ser

soon/early – pronto

Do you think it is too **early** for us to move together? – ¿Crees que es demasiado **pronto** para que nos mudemos juntos?

right away/immediately – de inmediato

I want an explanation **immediately**! – ¡Quiero una explicación **de inmediato**!

finally – finalmente

Finally, we can relax now that we have our own apartment – **Finalmente** podemos relajarnos ahora que tenemos nuestro propio apartamento

Chapter 20 – Date and Time

Time is really important in people's lives. You already saw some basic time concepts in the last chapter. However, you still need to know the vocabulary related to dates, times of the day, the clock, and (in the next chapter), the names of the days of the week, months and seasons.

Calendar

the date – la fecha

I already know that you will come next week, but I need to know the exact **date** to confirm if I can go to the airport to pick you up – Ya sé que vendrán la semana que viene, pero necesito saber la **fecha** exacta para confirmarte si puedo ir a buscarlas al aeropuerto

today – hoy

Today is a very special day in the city: **today** begins a big festival that lasts three days – **Hoy** es un día muy especial en la ciudad: **hoy** inicia un gran festival que dura tres días

tomorrow – mañana

Today the day is very cloudy and rainy, but **tomorrow** we could go to the beach if you want – Hoy el día está muy nublado y lluvioso, pero **mañana** podríamos ir a la playa si os apetece

yesterday – ayer

Yesterday I had a great date with an architect from Buenos Aires; we will see each other again on Saturday – **Ayer** tuve una cita magnífica con un arquitecto de Buenos Aires; volveremos a vernos el sábado

last night – anoche

Last night I went with my friend Inés and her parents to eat at a Mexican restaurant for her birthday – **Anoche** fui con mi amiga Inés y con sus padres a comer a un restaurante de comida mexicana por su cumpleaños

the day – el día

The **day** of my birthday will be a Tuesday, so I was thinking about organizing a party on Friday – El **día** de mi cumpleaños será un martes, por lo que estaba pensando en organizar una fiesta el viernes

the week – la semana

Last **week** I had a lot of work, but this **week** I can relax – La **semana** pasada tuve muchísimo trabajo, pero esta **semana** puedo estar más tranquila

the month – el mes

You must train for at least one **month** to climb the Aconcagua – Debes entrenar por lo menos durante un **mes** para escalar el Aconcagua

the year – el año

Sometime next **year** I would like to move to Ecuador – En algún momento del **año** que viene me gustaría mudarme a Ecuador

the birthday – el cumpleaños

For Jordi's **birthday,** we will all go to a tapas bar in the center of Madrid – Para el **cumpleaños** de Jordi, iremos todos a un bar de tapas en el centro de Madrid

Day

the morning – la mañana

Andrea is usually in a very bad mood during the **morning** – Andrea siempre tiene muy mal humor por la **mañana**

the early morning/dawn – la madrugada

Surfers usually get up at **dawn** to go to the beach and surf the best waves – Los surfistas suelen levantarse en la **madrugada** para ir a la playa y surfear las mejores olas

noon – el mediodía

I cannot go to lunch with you; I have a work meeting at **noon** – No puedo ir a almorzar contigo; tengo una reunión de trabajo al **mediodía**

the afternoon – la tarde

If you want, we can meet in the **afternoon** and go shopping in the mall – Si te parece bien, podemos encontrarnos por la **tarde** e ir de compras al centro comercial

the evening/night – la noche

We have been invited by my boss to go to the theater this **evening**, do you feel like going? – Hemos sido invitados al teatro esta **noche** por mi jefe, ¿te apetece ir?

midnight – la medianoche

In Chile, on New Year's Eve, everyone goes to the beach and, at **midnight**, you can see fireworks over the sea – En Chile, en Nochevieja, todo el mundo va a la playa y, a la **medianoche**, puedes ver fuegos artificiales sobre el mar

the dawn/the sunrise – el amanecer

If you want, we can stay awake a little longer and see the **sunrise** on the mountain – Si quieres, podemos quedarnos despiertos un rato más y ver el **amanecer** en la montaña

the sunset – el atardecer

After **sunset**, this area gets very dark because there is no street lighting – Después del **atardecer**, esta zona es muy oscura porque no hay iluminación en las calles

Clock

the time – la hora

What **time** is it? – ¿Qué **hora** es?

the hour – la hora

I have been looking for my parents in the park for almost an **hour**, but I cannot find them – He estado durante casi una **hora** buscando a mis padres en el parque, pero no los puedo encontrar

the moment – el momento

I am waiting for the right **moment** to ask Justina to marry me – Estoy esperando el **momento** justo para pedirle a Justina que se case conmigo

the second – el segundo

Please, give me a **second**: I am talking on the phone with my boss – Por favor, dame un **segundo**: estoy hablando por teléfono con mi jefe

the minute – el minuto

I can hold my breath for almost a whole minute – Puedo aguantar la respiración durante casi un minuto completo

minutes – los minutos

I have been waiting for Mauricio in the cafeteria for twenty **minutes** now; I am tired of his unpunctuality! – Estoy en la cafetería esperando a Mauricio hace veinte **minutos**; ¡estoy cansado de su impuntualidad!

half an hour – media hora

In **half an hour** or so, Cristian will get out of work and pick me up – Dentro de **media hora**, más o menos, Cristian saldrá del trabajo y me pasará a buscar

Chapter 21 – Days of the Week, Months, Seasons

Even if learning names by heart is not the funniest part about learning a new language, the names of the days of the week, names of the months and seasons will help you make appointments, reservations, and plans, and, of course, also to talk about the past, present, and future. When you are writing in Spanish, remember: days of the week and months are not capitalized.

Days of the week

Monday – lunes

Monday is the first day of the week: I always have a bad mood on **Mondays** – El **lunes** es el primer día de la semana: siempre tengo mal humor los **lunes**

Tuesday – martes

Every **Tuesday** I play hockey with my childhood friends; we have a pretty good team – Todos los **martes** juego al hockey con mis amigas de la infancia; tenemos un equipo bastante bueno

Wednesday – miércoles

Last **Wednesday** I went to the movies with my mother. We bought popcorn and we watched a comedy. It was an excellent afternoon – El **miércoles** pasado fui al cine con mi madre. Compramos palomitas y vimos una comedia. Fue una tarde excelente

Thursday – jueves

This **Thursday** you will have your first English lesson: I already spoke with the teacher, and she can come at four-thirty in the afternoon – Este **jueves** tendrás tu primera clase de inglés: ya hablé con la profesora, y puede venir a las cuatro y media de la tarde

Friday – viernes

I usually go out with my friends on **Friday** nights: we go to a bar, and if there is a match, we watch football – Generalmente salgo con mis amigos los **viernes** por la noche: vamos a un bar, y si hay partido, miramos fútbol

Saturday – sábado

This **Saturday**, I will take my girlfriend to my mother's house to meet the whole family. I hope everything goes well! – Este **sábado**, llevaré a mi novia a la casa de mi madre para que conozca a toda la familia. ¡Espero que todo salga bien!

Sunday – domingo

Every **Sunday**, Argentines usually meet with their families or with their friends to eat roast or pasta – Todos los **domingos**, los argentinos suelen reunirse con sus familias o con sus amigos para comer asado o pastas

Months

January – enero

While in **January** it is very cold in Europe and the United States, in South America, it is the hottest month – Mientras que en **enero** hace mucho frío en Europa y en Estados Unidos, en Sudamérica, es el mes más caluroso

February – febrero

In **February,** I will know if I have been accepted to the university or not. Let's cross our fingers! – En **febrero,** sabré si me han aceptado en la universidad o no. ¡Crucemos los dedos!

March – marzo

Generally, in South America, classes begin in **March** – Generalmente, en América del Sur, las clases comienzan en **marzo**

April – abril

My birthday is in **April**, while my two children's birthdays are in January and March – Mi cumpleaños es en **abril**, mientras que los cumpleaños de mis dos hijos son en enero y en marzo

May – mayo

I will take vacations in **May** to enjoy spring in Spain – Me tomaré vacaciones en **mayo** para disfrutar de la primavera en España

June – junio

I will work in this position until **June**; then, I will rest for a couple of weeks and then I will start my trip around Europe – Trabajaré en este puesto hasta **junio**; luego, descansaré un par de semanas y comenzaré mi viaje por Europa

July – julio

They say that the best time to travel to Cuba is in **July**, but the truth is that it is hot all year round – Dicen que el mejor momento para viajar a Cuba es en **julio**, pero la verdad es que hace calor todo el año

August – agosto

In **August,** we will go on a trip with some friends to Nicaragua – En **Agosto,** nos iremos de viaje con unos amigos a Nicaragua

September – septiembre

In **September**, spring begins in South America; it is really the best time to visit certain countries – En **septiembre** comienza la primavera en América del Sur; es realmente la mejor época para visitar ciertos países

October – octubre

In **October,** I will be very busy because I will have many exams at the university; if you want we can meet before – En **octubre**, estaré muy ocupada porque tendré muchos exámenes en la universidad; si quieres, podemos vernos antes

November – noviembre

In **November**, all retailers begin to get ready for end-of-year sales – En **noviembre**, todos los comerciantes comienzan a prepararse para las ventas de fin de año

December – diciembre

My birthday is in **December**, but I always celebrate it in March because my friends are always with their families – Mi cumpleaños es en **diciembre**, pero siempre lo festejo en marzo porque mis amigos siempre están con sus familias

Seasons

the spring – la primavera

My favorite season is **spring**: I like the beginning of the heat and the flowering of trees – Mi estación preferida es la **primavera**: me gusta el comienzo del calor y el florecimiento de las flores

the summer – el verano

During the **summer,** I will go with my family to Palma de Mallorca; in Madrid, it's too hot ... and there's no beach! – En **verano,** me iré con mi familia a Palma de Mallorca; en Madrid, hace demasiado calor... ¡y no hay playa!

the autumn – el otoño

Autumn is beautiful in this area when the leaves start to fall and everything turns brown – El **otoño** es hermoso en esta zona cuando comienzan a caer las hojas de los árboles y todo se torna marrón

the winter – el invierno

I spent a wonderful **winter** in Mendoza in the mountains; we skied, and we even made a snowman – He pasado un **invierno** maravilloso en Mendoza en la montaña; hemos esquiado e incluso hicimos un muñeco de nieve

Other concepts

holiday – feriado/festivo

Next Tuesday is a **holiday**; we do not have to go to work! – El martes que viene es **festivo**; ¡no tenemos que ir a trabajar!

vacations – vacaciones

When will you take your **vacation**? I think I will do it in the first days of August – ¿Cuándo te tomarás tus **vacaciones**? Yo creo que lo haré en los primeros días de agosto

Chapter 22 – Numbers

Just as in the previous chapters, numbers need to be learned by heart, and this might not be the most appealing part of learning a new language. However, numbers are extremely important if you want to buy things, for example, and talk about yourself (how old are you, how many siblings you have, etc.):

Basic vocabulary

the number – el número

I can say the **numbers** from one to ten in nine languages – Sé decir los **números** del uno al diez en nueve idiomas

to count – contar

My son Marcos is three years old and is learning **to count** – Mi hijo Marcos tiene tres años y está aprendiendo a **contar**

to add – sumar

We must **add** your cousins to the reservation we have tonight at the restaurant – Debemos **sumar** a tus primos a la reserva que tenemos esta noche en el restaurant

half – medio

Give me **half** a kilo of bread and two hundred and fifty grams of sesame seeds, please – Deme **medio** kilo de pan y doscientos cincuenta gramos de semillas de sésamo, por favor

both – ambos

My parents are retired; they were **both** teachers in a primary school until about ten years ago – Mis padres están retirados; **ambos** eran maestros en una escuela primaria, hasta hace unos diez años

a pair/a couple – un par

I have **a couple** of questions about the exam tomorrow, could you help me? – Tengo **un par** de dudas sobre el examen de mañana, ¿podrías ayudarme?

Numbers

one – uno

My brothers are all very tall, but only **one** of them is more than two meters tall – Mis hermanos son todos muy altos, pero solo **uno** de ellos mide más de dos metros

two – dos

I have only seen her **twice** in my life, but I think I am already falling in love with her – La he visto solo **dos** veces en mi vida, pero creo que ya me estoy enamorando

three – tres

I have **three** children: Gabriel, Chiara, and Marcela: Gabriel is five years old; Chiara is **three** years old; and Marcela is two months old – Tengo **tres** hijos: Gabriel, Chiara, y Marcela: Gabriel tiene cinco años; Chiara tiene **tres** años; y Marcela tiene dos meses

four – cuatro

In my Engineering class, there are only **four** women, among around a hundred men; it's terrible! – En mi clase de Ingeniería, hay solo **cuatro** mujeres, entre unos cien hombres; ¡es terrible!

five – cinco

To write a good text, you have to address the **five** senses of the reader, not just the eyesight – Para escribir un buen texto, debes apelar a los **cinco** sentidos del lector, no solo a lo visual

six – seis

I have been living in Spain for **six** months; I used to live in Venezuela, but the situation there is very difficult – Estoy viviendo en España desde hace **seis** meses; antes vivía en Venezuela, pero la situación allí es muy difícil

seven – siete

Today at **seven** in the afternoon I have a date with a Sociology student at the corner bar – Hoy a las **siete** de la tarde tengo una cita con un estudiante de Sociología en el bar de la esquina

eight – ocho

Today is my **eighth** birthday! My mother has organized a party for all my classmates from school – ¡Hoy es mi cumpleaños de **ocho** años! Mi madre ha organizado una fiesta para todos mis compañeros de la escuela

nine – nueve

Can you believe that I only have **nine** euros left in my bank account? I hope they deposit our salaries soon – ¿Puedes creer que solo me quedan **nueve** euros en la cuenta del banco? Espero que nos depositen los sueldos pronto

ten – diez

To play hide and seek, you must count to **ten** with your eyes closed while your friends hide. Then, when you open your eyes, you go look for them – Para jugar al escondite, debes contar hasta **diez** con los ojos cerrados mientras tus amigos se esconden. Luego, cuando abres los ojos, debes ir a buscarlos

eleven – once

It's **eleven** o'clock already! We should go to sleep – ¡Ya son las **once** de la noche! Deberíamos irnos a dormir

twelve – doce

Believe it or not, one of my neighbors has **twelve** cats – Aunque no lo creas, una de mis vecinas tiene **doce** gatos

twenty – veinte

It's **twenty** pesos and fifty-five cents, please – Son **veinte** pesos con cincuenta y cinco centavos, por favor

thirty – treinta

The cinema tickets cost ten euros; we are three, so in total it would be about **thirty** euros – Las entradas del cine cuestan diez euros; somos tres, por lo que en total serían unos **treinta** euros

forty – cuarenta

My mother just turned **forty**; my father is thirty-eight – Mi madre acaba de cumplir **cuarenta** años; mi padre tiene treinta y ocho

fifty – cincuenta

My grandmother started working at **fifty** when her husband died; he would not let her work – Mi abuela comenzó a trabajar a los **cincuenta** años cuando su esposo murió; él no la dejaba trabajar

a hundred – cien

A **hundred** years ago, this city did not exist. They planned it and built it to move the administrative and political center of the country – Hace **cien** años, esta ciudad no existía. La planificaron y la construyeron para mover el centro administrativo y político del país

a thousand – mil

It is a very long book: it has more than a **thousand** pages! Still, it's so compelling that you'll read it in less than a week – Es un libro muy largo: ¡tiene más de **mil** páginas! Aún así, es tan absorbente que lo leerás en menos de una semana

a million – un millón

I knew you would win the contest. I've told you a **million** times: your illustrations are great! – Yo sabía que ganarías el concurso. Te lo he dicho un **millón** de veces: ¡tus ilustraciones son geniales!

Chapter 23 – People

Are you a people's person? In this chapter, and the next few, people are discussed—their characteristics, names, ages, bodies, and the relationships and feelings among them.

Basic vocabulary

Have in mind that the noun "gente" ("people" in Spanish) is a singular noun, so you do not say "La gente están bailando" ("People are dancing") but "La gente está bailando" ("People is dancing").

the people – la gente

People do not understand the difference between a Colombian arepa and a Venezuelan arepa, but there is a huge difference – La **gente** no entiende la diferencia entre una arepa colombiana y una arepa venezolana, pero hay una diferencia enorme

the person – la persona

I think Aldana is a very special **person**: there is no one like her – Creo que Aldana es una **persona** muy especial: no hay nadie como ella

the group – el grupo

We are going to climb Mount Ulía with a **group** of young people we met at the hostel – Vamos a subir el monte Ulía con un **grupo** de jóvenes que conocimos en el hostel

the human – el humano

All **human** beings deserve the same respect; it does not matter if they are rich or poor – Todos los seres **humanos** merecen el mismo respeto; no importa si son ricos o pobres

the man – el hombre

That **man** in the yellow vest is a guard at the train station; you can ask him what time the next train leaves since he probably knows – Ese **hombre** del chaleco amarillo es un guarda de la estación de tren, podéis preguntarle a él a qué hora sale el próximo tren ya que seguramente lo sabe

the woman – la mujer

This one in the picture is my mother: she was the most selfless and loving **woman** in the whole world – Esta de la foto es mi madre: era la **mujer** más desinteresada y amorosa del mundo

Ages

the baby – el/la bebé

When you were a **baby**, you loved bananas; now, I do not know why you do not like them anymore – Cuando eras un **bebé**, te encantaban las bananas; ahora, no sé por qué ya no te gustan

the child – el niño

I think that **child** is lost: he is crying alone, and I do not see his parents anywhere – Creo que ese **niño** está perdido: está llorando solo, y no veo a sus padres por ninguna parte

the girl – la niña

The **girl** in that movie looks a lot like Amalia, my niece – La **niña** de esa película se parece mucho a Amalia, mi sobrina

the teenager – el/la adolescente

My oldest son is a **teenager,** and he is going through a very rebellious stage: he is locked up in his room all day listening to rock music – Mi hijo mayor es **adolescente,** y está pasando por una etapa muy rebelde: está todo el día encerrado en su habitación escuchando música rock

Attributes

the name – el nombre

My name is Celeste. What is your **name**? – Yo me llamo Celeste. ¿Cuál es tu **nombre**?

the last name – el apellido

My father's **last name** is Paredes, and my mother's **last name** is Rojas; that's why my **last name** is Paredes Rojas! – El **apellido** de mi padre es Paredes, y el **apellido** de mi madre es Rojas, ¡por eso mi **apellido** es Paredes Rojas!

the middle name – el segundo nombre

Yes, I have a **middle name**, but it is horrible, and I keep it a secret – Sí, tengo un **segundo nombre**, pero es horrible, y lo mantengo en secreto

the nickname – el apodo

This is Matías, but his **nickname** is Mato; nobody says "Matías" – Este es Matías, pero su **apodo** es Mato; nadie le dice "Matías"

the age – la edad

When I was your **age**, I used to walk 4 kilometers every day to go to school, no matter the weather – Cuando yo tenía tu **edad**, caminaba

4 kilómetros para ir a la escuela todos los días, hiciera el clima que hiciera

the height – la altura

Joaquin is only eleven years old, but he already exceeds me in **height** – Joaquín tiene solo once años, pero ya me sobrepasa en **altura**

the gender – el género

Jannia is at a prestigious university in the United States doing a postgraduate degree in **Gender** Studies – Jannia está en una prestigiosa universidad de Estados Unidos haciendo un posgrado en Estudios de **Género**

the character – el carácter

You must learn to control your **character**: you cannot get offended every time someone does something you do not like – Debes aprender a controlar tu **carácter**: no puedes ofenderte cada vez que alguien hace algo que no te gusta

the personality – la personalidad

Carina has a very quiet **personality**, but when she gets angry, she is a real animal – Carina tiene una **personalidad** muy tranquila, pero cuando se enoja, es una verdadera fiera

Adjectives

tall – alto/alta

My son Tomás is **tall** like his paternal grandfather, who was more than two meters high – Mi hijo Tomás es **alto** como su abuelo paterno, que medía más de dos metros

short – bajo/baja

The only thing that bothers me about being **short** is that I never reach the high shelves and I have to ask for help from other people –

Lo único que me molesta de ser **baja** es que nunca llego a los estantes altos y tengo que pedir ayuda a otras personas

fat – gordo/gorda

After spending two weeks at my grandmother's house eating nonstop, I feel really **fat** – Después de pasar dos semanas en casa de mi abuela comiendo sin parar, me siento realmente **gordo**

slim/thin – delgado/delgada

No matter how much I eat, anyway, my grandmother always thinks I am too **thin** – No importa cuánto coma, de todas formas, mi abuela siempre piensa que estoy demasiado **delgado**

young – joven

When I was **young**, I used to like loud music and large crowds; now I prefer quiet places, good food and to read books – Cuando era **joven**, me gustaba la música fuerte y las grandes multitudes; ahora prefiero los sitios tranquilos, la buena comida y leer libros

old – viejo/vieja

I am too **old** to do crazy things like this – Estoy demasiado **vieja** para hacer locuras como esta

Chapter 24 – Body

Now that you know the basic vocabulary to talk about people, you need to learn the parts of the body.

Nouns

the body – el cuerpo

After surfing all day, my whole **body** feels very tired. I need a nap! – Después de surfear todo el día, tengo el **cuerpo** muy cansado. ¡Necesito una siesta!

the hand – la mano

When Rodrigo gave me a **hand** shake, I noticed that his **hands** are very big and soft – Cuando Rodrigo me dio un apretón de **manos**, noté que tiene las **manos** muy grandes y suaves

the head – la cabeza

Where is your **head**? You have been distracted all day; I wonder what you are thinking – ¿Dónde está tu **cabeza**? Has estado distraída todo el día; me pregunto en qué andas pensando

the face – el rostro/la cara

My father has many scars on his **face** because he was once in a very serious car accident – Mi padre tiene muchas cicatrices en su **rostro** porque una vez estuvo en un accidente de automóviles muy grave

the teeth – los dientes

Yaiza's parents are dentists; that is why her **teeth** are so perfect – Los padres de Yaiza son dentistas; por eso tiene los **dientes** tan perfectos

the arm – el brazo

Manuel has tattoos that cover his **arms**; they must have been very expensive – Manuel tiene tatuajes que cubren sus **brazos**; deben haber salido muy caros

the leg – la pierna

The most important soccer player in my country suffered an injury to his right **leg**, and he will not be able to play for the rest of the year – El jugador de fútbol más importante de mi país sufrió una lesión en su **pierna** derecha, y no podrá jugar por el resto del año

the finger – el dedo

I think I broke a **finger** playing basketball with my sisters – Creo que me he roto un **dedo** jugando al baloncesto con mis hermanas

the foot – el pie

The seats on the plane were very small, and I barely had room for my **feet** – Los asientos del avión eran muy pequeños, y apenas tenía espacio para poner mis **pies**

the eye – el ojo

Oh! I think something has got into my **eye** – ¡Ay! Creo que me ha entrado algo en el **ojo**

the mouth – la boca

Tomi, close your **mouth** while you chew your food, especially when there are guests at the table – Tomi, cierra la **boca** mientras masticas tu comida, especialmente cuando hay invitados en la mesa

the nose – la nariz

When I was young, I used to play rugby, but I quit it when I broke my **nose**; it was very painful! – Cuando era joven, jugaba al rugby, pero lo dejé cuando me rompí la **nariz**; ¡fue muy doloroso!

the blood – la sangre

My husband faints when he sees **blood**, so we believe that it is best for him not to be present at the birth of our son – Mi esposo se desmaya cuando ve **sangre**, por eso consideramos que lo mejor es que no esté presente en el parto de nuestro hijo

the skin – la piel

Whatever color your **skin** is, you must use sunscreen to protect yourself from **skin** cancer – Tengas la **piel** del color que sea, debes usar loción solar para protegerte del cáncer de **piel**

the bone – el hueso

*When I was little, I once broke a **bone** while playing football with some friends – Cuando era pequeño, una vez me rompí un **hueso** mientras jugaba al fútbol con unos amigos*

The senses

to feel – sentir

Can you **feel** that delicious aroma that comes out of the bread factory? – ¿Puedes **sentir** ese delicioso aroma que sale de la fábrica de pan?

to smell – oler

Sometimes, in life, you have to stop **to smell** the roses... That is, to enjoy the little things – A veces, en la vida, hay que detenerse a **oler** las rosas... O sea, a disfrutar de las cosas pequeñas

the scent/the smell – el olor

I really like the **smell** of jasmine; it reminds me of my mother's garden in the spring – Me gusta muchísimo el **olor** de los jazmines; me recuerda al jardín de mi madre en primavera

to see/to watch – ver

I really want **to see** a horror movie tonight; do you think it is a good plan? – Tengo muchas ganas de **ver** una película de terror esta noche; ¿te parece un buen plan?

to look/to watch – mirar

Yesterday, after our date, we went to the top of the mountain **to look** at the landscape and drink some beers – Ayer, después de nuestra cita, fuimos a lo alto del monte a **mirar** el paisaje y tomar unas cervezas

to hear – oír

To hear my mother's stories is very entertaining: she has very funny anecdotes, of all kinds, and she tells them very well – **Oír** las historias de mi madre es muy entretenido: tiene anécdotas muy graciosas, de todo tipo, y las cuenta muy bien

to listen – escuchar

Let's be silent for a minute, so we can **listen** to the birds sing – Estemos en silencio por un minuto, para que podamos **escuchar** el canto de los pájaros

to taste – saborear

Can you **taste** the almonds in the filling of the ravioli? It is the detail that makes them great – ¿Puedes **saborear** las almendras en el relleno de los ravioles? Es el detalle que los hace geniales

the flavour – el sabor

The **flavor** of these berries is much better than that of any other fruit that I have tasted in my life – El **sabor** de estas moras es mucho mejor que el de cualquier otra fruta que haya probado en mi vida

to touch – tocar

I know it is not allowed, but when I am in a museum, I always want **to touch** the pictures, to feel their texture – Sé que no está permitido, pero en los museos siempre me dan ganas de **tocar** los cuadros, para sentir su textura

Chapter 25 – Family and Friends

Congratulations! You have made it halfway through the book. Hopefully, you are already feeling like your Spanish vocabulary is getting wider. Since you have been learning to talk about people, it is time to talk about the most important people in your life: friends and family!

Nouns

the family – la familia

My **family** is from Chile, but for a few years they have lived in Barcelona – Mi **familia** es de Chile, pero desde hace unos años viven todos en Barcelona

mother – madre

My **mother** is a lawyer; she went to college while raising me and my two brothers. She also worked – Mi **madre** es abogada; fue a la universidad mientras me criaba a mí y a mis dos hermanos. Además trabajaba

father – padre

My **father** is a painter; a few months ago, he won an award for his artistic trajectory, and he is about to inaugurate an exhibition at the contemporary art museum – Mi **padre** es pintor; hace unos meses, ganó un premio por su trayectoria artística, y está por inaugurar una exposición en el museo de arte contemporáneo

son – hijo

I'm trying to call my **son**, but his phone is always turned off; he is not a big fan of technology – Estoy intentando llamar a mi **hijo**, pero siempre tiene el teléfono apagado; no es muy fanático de la tecnología

daughter – hija

I have two **daughters**: the oldest is thirteen years old, and the youngest is five years old – Tengo dos **hijas**: la mayor tiene trece años, y la menor tiene cinco

aunt – tía

My **aunt** is a dentist; if your tooth hurts a lot, we can call her so she can treat it, without having to make an appointment or call your insurance – Mi **tía** es dentista; si te duele mucho la muela, podemos llamarla para que te atienda, sin tener que sacar turno ni llamar al seguro

uncle – tío

I have a distant **uncle** who lives in Tarragona, but we haven't seen each other for many years – Tengo un **tío** lejano que vive en Terragona, pero no nos vemos hace muchos años

grandfather – abuelo

This afternoon we will go to visit my **grandfather** at his house; he will surely show you his collection of old coins – Esta tarde iremos a visitar a mi **abuelo** a su casa; seguramente te mostrará su colección de monedas antiguas

grandmother – abuela

Unfortunately, I do not have a very good relationship with my **grandmother** – Lamentablemente, no tengo muy buena relación con mi **abuela**

cousin – primo

Every year, my **cousins** and I rented a small cabin on the beach and spent a week or two there – Todos los años, mis **primos** y yo alquilamos una pequeña cabaña en la playa y pasamos una o dos semanas allí

cousin – prima

This is my **cousin**, Laura. She is twenty-eight years old and an engineer – Esta es mi **prima**, Laura. Tiene veintiocho años y es ingeniera

the friend – el amigo

Jorge's best **friend** is the son of two of our friends, so we get together quite often – El mejor **amigo** de Jorge es hijo de unos amigos nuestros, por lo que nos reunimos con bastante frecuencia

the friend – la amiga

Camila has made a new **friend** from Germany at the university – Camila ha hecho una **amiga** nueva en la universidad que es de Alemania

mother-in-law – suegra

My **mother-in-law** makes the best pasta in the world; this Sunday she cooked us some stuffed ravioli that were truly delicious – Mi **suegra** cocina las mejores pastas del mundo; este domingo nos hizo unos ravioles rellenos que eran una verdadera delicia

father-in-law – suegro

My **father-in-law** is very old, so my wife and I are taking care of him in our house – Mi **suegro** es muy mayor, por lo que mi esposa y yo lo estamos cuidando en nuestra casa

sister-in-law – cuñada

My **sisters-in-law** are the best: Marina, my younger brother's girlfriend, is a loving person; and Isabella, the wife of my older brother, is one of my best friends – Mis **cuñadas** son las mejores:

Marina, la novia de mi hermano menor, es una persona amorosa; e Isabella, la esposa de mi hermano mayor, es una de mis mejores amigas

brother-in-law – cuñado

Tonight I am going with my **brother-in-law** to a new Peruvian food restaurant that he says is very good – Esta noche iré con mi **cuñado** a un nuevo restaurante de comida peruana que según él es muy bueno

son-in-law – yerno

Our new **son-in-law** seems to be a very interesting and kind person; I think Gabriela has made an excellent decision – Nuestro nuevo **yerno** parece una persona muy interesante y buena; creo que Gabriela ha hecho una excelente decisión

daughter-in-law – nuera

Finally, tonight I am going to meet my **daughter-in-law** – Finalmente, esta noche voy a conocer a mi **nuera**

acquaintance – conocido

I think an **acquaintance** of Geronimo is a construction worker; if you want, we can ask him how much he would charge to remodel the kitchen – Creo que un **conocido** de Gerónimo es albañil; si quieres, podemos preguntarle cuánto nos cobraría por remodelar la cocina

relative – familiar

At this Christmas party, **relatives** from all over the world will come; there will be like sixty people – En esta fiesta de Navidad, vendrán **familiares** de todo el mundo; seremos como sesenta personas

Verbs

to introduce – presentar

I'm going to **introduce** you to a friend of my parents who is a lawyer; he can surely help you – Voy a **presentarte** a un amigo de mis padres que es abogado; él seguramente podrá ayudarte

to raise – criar

Do you think we have enough money **to raise** a child at this time in our lives? – ¿Crees que tenemos el dinero suficiente para **criar** un hijo en este momento de nuestras vidas?

to adopt – adoptar

My wife and I have always wanted **to adopt** a child... Even more than one, if we can – Mi esposa y yo siempre hemos querido **adoptar** un hijo... Incluso más de uno, si podemos

to belong – pertenecer

I am lucky **to belong** to the most loving family in the world – Tengo la suerte de **pertenecer** a la familia más amorosa del mundo

Chapter 26 – Love

Now that you know how to talk about friends and family, you need the vocabulary to express the relationships among people. In this chapter, you will find the basic verbs and nouns to describe relationships and, finally, what different relationship statuses are called in Spanish.

Conjugated verbs and infinitive verbs

to accept – aceptar

Tonight, I am going to propose to Rebecca, and I'm sure she will **accept**! – Esta noche, voy a proponerle matrimonio a Rebecca, ¡y estoy seguro de que va a aceptar!

he/she fancies/likes – gusta

Gabriel **likes** Teresa very much, but he does not dare to say anything; he is a very shy boy – A Gabriel le **gusta** mucho Teresa, pero no se anima a decir nada; es un chico muy tímido

to leave – dejar

The only concern of women in the 1950s was that their husbands could **leave** them – La única preocupación de las mujeres en los años cincuenta era que sus maridos las podían **dejar**

I fell in love – me enamoré

When I met you, **I fell in love** with you immediately. I did not just like you physically; you seemed great in every way – Cuando te conocí, **me enamoré** inmediatamente de ti. No solo me gustabas físicamente; me parecías genial en todos los sentidos

being in love – estar enamorado

Being in love is the best and the worst that can happen to you: it is a mixture of pleasure and anxiety – **Estar enamorado** es lo mejor y lo peor que te puede pasar: es una mezcla de placer y ansiedad

I will marry – me casaré

In October, **I will marry** Agustina; we have the whole wedding planned already, and the honeymoon booked – En octubre, **me casaré** con Agustina; ya tenemos toda la boda planeada, y la luna de miel reservada

to get a divorce – divorciarse

Getting a divorce is not such a terrible thing nowadays; most marriages end at some point – **Divorciarse** no es algo tan terrible hoy en día; la mayor parte de los matrimonios terminan en algún momento

to split up – separarse

Juan thinks it would be a good idea **to split up** with María for a while—while they decide what they want to do with their lives – Juan cree que sería una buena idea **separarse** de María por un tiempo—mientras deciden qué quieren hacer con sus vidas

to break up – romper

I am scared! I think Ana wants **to break up** with me! – ¡Tengo miedo! ¡Creo que Ana quiere **romper** conmigo!

they are engaged – están comprometidos/comprometidas

Julia and Lucia **are engaged**; they will get married in a couple of months, and I'm going to sing at their wedding! – Julia y Lucía

están comprometidas; se casarán en un par de meses, ¡y yo voy a cantar en su boda!

I like/love/want you – te quiero

I love you very much, but only as a friend; I'm in love with Octavio – **Te quiero** mucho, pero como solo como amigo; yo estoy enamorada de Octavio

to kiss – besar

Juliana had the perfect opportunity, but she did not dare **to kiss** Iñaki – Juliana tenía la oportunidad perfecta, pero no se ha atrevido a **besar** a Iñaki

to hug – abrazar

I need **to hug** someone! – ¡Necesito **abrazar** a alguien!

to caress – acariciar

You can **caress** the baby, but do it gently; he is still very small – Puedes **acariciar** al bebé, pero hazlo suavemente; todavía es muy pequeño

Nouns

the relationship – la relación

The **relationship** I have with Ofelia is the best **relationship** I have had in my life – La **relación** que tengo con Ofelia es la mejor **relación** que he tenido en mi vida

the date – la cita

I have not had a **date** for a long time; I think I should download an app and try – Hace mucho tiempo que no tengo una **cita**; creo que debería descargarme una app y probar

the love – el amor

Love is not necessarily the most important thing in the world, but it is usually a great concern for people – El **amor** no es necesariamente lo más importante del mundo, pero suele ser una gran preocupación para las personas

the anniversary – el aniversario

Next month is the 30th **anniversary** of my parents' wedding, and they will have a big party, do you want to come? – El mes que viene es el **aniversario** de 30 años de casados de mis padres, y harán una gran fiesta, ¿quieres venir?

Status

boyfriend – novio

My first **boyfriend** was one of my classmates at school; we used to skip classes to go read comic books – Mi primer **novio** era uno de mis compañeros de la escuela; solíamos escaparnos de clase para ir a leer historietas

girlfriend – novia

I have not had a **girlfriend** in three years, and it feels very good; being single is great, frankly – No he tenido una **novia** en tres años, y se siente muy bien; estar soltero es francamente genial

married – casado/casada

When you are **married** for a long time, you get used to doing things as a team – Cuando estás **casado** por mucho tiempo, te acostumbras a hacer las cosas en equipo

husband – esposo

This is Jaime. He is the **husband** of Luz, my friend from work – Este es Jaime. Es el **esposo** de Luz, mi amiga del trabajo

wife – esposa

I have asked my **wife** to pick me up at work in her car because it is raining and I didn't bring my umbrella – Le he pedido a mi **esposa** que me pase a buscar por el trabajo en su auto porque está lloviendo y no he traido mi paraguas

couple/partner – pareja

You do not have to be in a **couple** to be happy; that's an old-fashioned idea – No tienes que estar en **pareja** para ser feliz; eso es una idea anticuada

divorced – divorciado/divorciada

I'm **divorced**, but my ex-wife and I are good friends – Soy **divorciado**, pero mi exesposa y yo somos buenos amigos

Chapter 27 – Feelings

You just learned to talk about love and relationships, so now you will move deeper into feelings, so you can describe your emotions while talking with Spanish-speaking people.

Conjugated verbs

I feel – siento

I feel Marta is angry about something, but I am not sure what it could be – **Siento** que Marta está enojada por algo, pero no estoy seguro de qué puede ser

I love/I care for/I like/I want – quiero

I love my parents very much, but sometimes they can be really annoying – **Quiero** mucho a mis padres, pero a veces pueden ser realmente pesados

I love – amo

I love my children very much, more than I thought I would ever love anyone – **Amo** muchísimo a mis hijos, más de lo que pensé que jamás amaría a nadie

I miss – extraño

I do not **miss** my country in general, but some specific things, like my mother's food... and my dog! – No **extraño** a mi país, en general, sino algunas cosas específicas, como la comida de mi madre... ¡y a mi perro!

I miss – echo de menos

I miss you so much. When can we see each other? – Te **echo** muchísimo **de menos**. ¿Cuándo podemos vernos?

I fear/I am afraid – temo/tengo miedo

I am very **afraid** of the dark; I always sleep with a light on – **Tengo** mucho **miedo** a la oscuridad; siempre duermo con una luz encendida

he/she enjoys – él/ella disfruta

My mother really **enjoys** spending time with her grandchildren; that's why she always takes care of them when I work – Mi madre **disfruta** mucho de pasar tiempo con sus nietos; por eso, siempre los cuida cuando yo trabajo

I got mad/angry – me enfadé

I got very **angry** with my boss when he told me he would not pay me on time – **Me enfadé** mucho con mi jefe cuando me dijo que no me pagaría a tiempo

It worries me/I am concerned – me preocupa

I am very **concerned** about the current state of education: there are more and more children in schools, and schools have less and less budget – **Me preocupa** mucho el estado actual de la educación: cada vez hay más chicos en las escuelas, y las escuelas cada vez tienen menos presupuesto

Adjectives

excited – emocionado/emocionada

Marcos is very **excited** because his birthday is coming up and we will have a party – Marcos está muy **emocionado** porque se acerca su cumpleaños y le haremos una fiesta

happy – feliz

I am very **happy** with my marriage – Estoy muy **feliz** con mi matrimonio

happy – contento/contenta

I was very **happy** with my job until they gave me more responsibilities without raising my salary – Estaba muy **contenta** con mi trabajo hasta que me dieron más responsabilidades sin subirme el sueldo

frightened/scared – asustado/asustada

I was **scared** because I heard a very loud sound in the house, but it was just the cat – Estaba **asustada** porque escuché un sonido muy fuerte en la casa, pero era el gato

angry – enojado/enojada

I think my father is **angry** because we took his car without telling him – Creo que mi padre se ha **enojado** porque nos llevamos su coche sin avisarle

angry – enfadado/enfadada

I do not like Luciana; she is always **angry** – No me cae bien Luciana; siempre está **enfadada**

sad – triste

Do not be **sad**! I'm sure your cat will come home very soon – ¡No estés **triste**! Estoy segura de que tu gato volverá a casa muy pronto

confused – confundido/confundida

Wait... I'm **confused**. Wasn't the test next Tuesday? – Espera... Estoy **confundido**. ¿El examen no era el martes que viene?

Nouns

the feeling – el sentimiento

I think you're not taking my **feelings** into consideration: I'm very tired – Creo que no estás tomando en consideración mis **sentimientos**: estoy muy cansada

the love/the care – el cariño

The **love** I have for Benjamin is huge, but I am not ready to commit to a serious relationship – El **cariño** que tengo por Benjamín es enorme, pero no estoy lista para comprometerme en una relación seria

sorrow – la pena

I feel **sorrow** for all the relatives of the victims of the accident – Siento **pena** por todos los familiares de las víctimas del accidente

fear – el miedo

Do not have **fear**. This dog is very good; he has never bitten anyone and he likes to be pet – No tengas **miedo**. Este perro es muy bueno; jamás ha mordido a nadie y le gustan las caricias

the suspicion – la sospecha

I have the **suspicion** that Carla is organizing a surprise party for me... – Tengo la **sospecha** de que Carla me está organizando una fiesta sorpresa...

the pity – la lástima

I feel **pity** for homophobes and racists who think they are better than everyone – Siento **lástima** por los homófobos y los racistas que piensan que son mejores que todo el mundo

the wish – el deseo

I have the **wish** to move forward in my career and to continue studying to be a better professional – Tengo el **deseo** de avanzar en mi carrera y de seguir estudiando para ser una mejor profesional

the dream – el sueño

I've always had the **dream** of living on a quiet beach in Mexico, writing novels – Siempre he tenido el **sueño** de vivir en una playa tranquila en México, escribiendo novelas

Chapter 28 – Traveling

If you are reading this book, it is possible that you are planning a trip to Spain or Latin America. If that is the case, you will certainly need some specific vocabulary, for example, to explain to other travelers for how long you have been traveling, where you are going next, and to ask about means of transportation.

Conjugated and infinitive verbs

to travel – viajar

I like **traveling** a lot: I already know twenty-five countries in Europe, America, and Asia. – Me gusta mucho **viajar**: ya conozco veinticinco países de Europa, América, y Asia.

it departs – parte

What time does your train **depart**? If you want, I can take you to the station in my car – ¿A qué hora **parte** tu tren? Si quieres, puedo llevarte a la estación en mi automóvil

to arrive – llegar

Hi, Mom, I just **arrived** at the hostel in Barcelona. I'm already in my room – Hola, Mamá, acabo de **llegar** al hostal en Barcelona. Ya estoy en mi habitación

to come – venir

Do you want **to come** to my house in Medellín someday? My family will be happy to welcome you – ¿Quieres **venir** a mi casa en Medellín algún día? Mi familia estará encantada de recibirte

to come back/to return – volver/regresar

My husband and I had a beautiful holiday here; we are definitely going **to return** to Panama – Mi esposo y yo hemos pasado unas vacaciones hermosas; definitivamente vamos a **volver** a Panamá

to know – conocer

On this trip, I will go to Argentina, Chile, Uruguay, and Brazil, but in the future, I would like **to get to know** Peru and Bolivia as well – En este viaje, iré a Argentina, Chile, Uruguay, y Brasil, pero en el future, me gustaría **conocer** Perú y Bolivia también

to go around/to walk around – recorrer

After lunch, in the afternoon, we will go **to walk around** the old part of the city – Después del almuerzo, por la tarde, vamos a ir a **recorrer** la parte vieja de la ciudad

to book – reservar

Remember that we still have **to book** a hostel for tomorrow! If we do not do it soon, we will not have anywhere to sleep - ¡Recuerda que aún debemos **reservar** un hostal para mañana! Si no lo hacemos pronto, no tendremos dónde dormir

to fly – volar

We will go by ferry to Montevideo and then, from there, a few days later, we will **fly** to Rio de Janeiro – Vamos a ir en ferry hasta Montevideo y luego, desde allí, unos días más tarde, vamos a **volar** a Río de Janeiro

to drive – conducir/manejar

We have rented a car in Bilbao; we are going **to drive** through the north of Spain to Portugal – Hemos alquilado un automóvil en Bilbao; vamos a **conducir** por el norte de España hasta Portugal

Nouns

the trip – el viaje

This is the first **trip** I do alone; on other occasions, I have traveled with friends and with my family – Este es el primer **viaje** que hago solo; en otras ocasiones, he viajado con amigos y con mi familia

the world – el mundo

My dream is to travel the **world** for a couple of years before settling down somewhere – Mi sueño es viajar por el **mundo** durante un par de años antes de establecerme en algún sitio

the road – la carretera

Never take your eyes off the **road** when you drive; there are many animals in this area – Nunca saques los ojos de la **carretera** cuando conduces; hay muchos animales en esta zona

the way/the road – el camino

The **road** has many curves – El **camino** tiene muchas curvas

an excursion/the tour/the hike – la excursión

We will make an **excursion** in the Gothic quarter of Barcelona with a guide who is our friend – Haremos una **excursión** en el barrio gótico de Barcelona con un guía que es amigo nuestro

Accommodation

accommodation – el alojamiento

It is very difficult to find **accommodation** on the coast at this time of the year: the city is already full of tourists – Es muy difícil encontrar **alojamiento** en la costa en esta época del año: la ciudad ya está llena de turistas

the hotel – el hotel

We need to ask for help to find the **hotel**; my phone has no battery, and we do not have a map – Necesitamos pedir ayuda para encontrar el **hotel**; mi teléfono no tiene batería, y no tenemos un mapa

the reservation/the booking – la reserva/la reservación

At the hotel, they say that they have lost our **reservation**, but they can give us an even better room than the one we had booked, for the same price – Los del hotel, dicen que han perdido nuestra **reserva**, pero pueden darnos una habitación incluso mejor que la que habíamos reservado, por el mismo precio

Transportation

the airport – el aeropuerto

To get to the **airport** before three in the afternoon, we have to leave the hotel at one o'clock – Para llegar al **aeropuerto** antes de las tres de la tarde, tenemos que salir del hotel a la una

the station – la estación

The train **station** is very close to our apartment; you can go by bus, but if you decide to walk, it is only ten minutes - La **estación** de tren está muy cerca de nuestro apartamento; puedes ir en bus, pero si decides ir caminando, son solo diez minutos

the train – el tren

After Madrid, I will go to San Sebastian by **train**: it is a five-hour trip, approximately – Después de Madrid, iré a San Sebastián en **tren**: son unas cinco horas de viaje, aproximadamente

the airplane – el avión

It makes me a little afraid to fly by **plane**, but if I am with someone, I can do it – Me da un poco de miedo volar en **avión**, pero si estoy acompañada, puedo hacerlo

the bus – el autobús

I think we're going to miss the **bus** if we do not walk a little faster – Creo que vamos a perder el **autobús** si no caminamos un poco más rápido

the car – el automóvil

We have rented a **car** to travel the country without depending on other means of transport – Hemos alquilado un **automóvil** para recorrer el país sin depender de otros medios de transporte

the ticket – el pasaje

Do you think we should print the **tickets** or can we take them on the phone? – ¿Crees que debemos imprimir los **pasajes** o podemos llevarlos en el teléfono?

Chapter 29 – Food (Part I)

Food is, for many people, one of the most important things while traveling or getting to know a new culture. Who doesn't like good food? Whether it is to order or buy goods at the supermarket, you will need to know the names of basic ingredients, dishes, and drinks. Since in Latin America and Spain food is considered to be a very important part of people's lives, two chapters are dedicated to this subject.

Ingredients

the rice – el arroz

Both Costa Rica and Nicaragua eat a dish called "gallo pinto", which is a combination of **rice** and beans – Tanto en Costa Rica como en Nicaragua se come un plato que se llama "gallo pinto", que es una combinación de **arroz** con frijoles

the meat – la carne

Argentine **meat** is very good because of the quality of its cows, the way they cut the meat, and the way they cook it – La **carne** argentina es muy buena por la calidad de sus vacas, por el corte, y por el modo de cocción

the fish – el pescado

Ceviche is a **fish** dish that is cooked just with lemon juice – El ceviche es un plato de **pescado** que se cocina simplemente con el jugo de limón

the chicken – el pollo

Spanish paella can be made with seafood, but it can also be made with **chicken** or any other protein – La paella española puede hacerse con mariscos, pero también puede hacerse con **pollo** o con cualquier otra proteína

the vegetables – los vegetales

The best **vegetables** in this area are available in the central market – Los mejores **vegetales** de esta zona se consiguen en el mercado central

the tomato – el tomate

Gazpacho is a cold **tomato** soup typical of Spain, but that is also made in other countries – El gazpacho es una sopa fría de **tomate** típica de España, pero que también se bebe en otros países

the potato – la patata/la papa

The **potato** is a tuber from America, which the Europeans took to Europe after Columbus' trips – La **patata** es un tubérculo originario de América, que los europeos llevaron a Europa tras los viajes de Colón

the salt – la sal

Here people are very superstitious, and they believe that passing the **salt** from hand to hand is bad luck; that's why, when you ask for the salt shaker, they leave it in front of you on the table – Aquí la gente es muy supersticiosa, y cree que pasar la **sal** de mano en mano da mala suerte; por eso, cuando pides el salero, lo dejan frente a ti sobre la mesa

the pepper – la pimienta

I like **pepper** a lot. Whenever I cook, I use a lot of **pepper** – Me gusta mucho la **pimienta**. Siempre que cocino, uso mucha **pimienta**

the beans – los frijoles

In almost every Latin American country, people eat plenty of **beans**, except in Argentina and Uruguay – En casi todos los países de América Latina se consumen muchos **frijoles**, menos en Argentina y Uruguay

the cheese – el queso

The best **cheese** in the Basque Country is the Idiazábal **cheese** – El **queso** más rico de la zona del país vasco es el **queso** Idiazábal

the apple – la manzana

In this area, there are many **apple** plantations, which are used to make cider or **apple** juice – En esta zona, hay muchas plantaciones de **manzanas**, con las que luego hacen sidra o zumo de **manzana**

the ice cream – el helado

There is a very famous **ice cream** shop not far from here, where they make **ice cream** cones shaped like roses – Hay una heladería muy famosa no muy lejos de aquí, donde hacen conos de **helado** con forma de rosas

Drinks

the juice – el zumo/el jugo

The children are going to drink orange **juice**; we want a bottle of Malbec, please – Los niños van a tomar **jugo** de naranja; nosotros queremos una botella de Malbec, por favor

the coffee – el café

I really like Colombian **coffee**: I think it's the best in the world – Me gusta mucho el **café** colombiano: creo que es el mejor del mundo

the tea – el té

Before sleeping, I always drink green **tea** to calm my nerves and relax my muscles. Also, it is good for digestion – Antes de dormir, siempre tomo un **té** verde para calmar mis nervios y relajar mis músculos. Además, es bueno para la digestión

the beer – la cerveza

In Brazil, they drink a lot of **beer**; it is generally not very strong, but they drink it in large quantities – En Brasil se bebe muchísima **cerveza**; generalmente no es muy fuerte, pero la toman en grandes cantidades

the wine – el vino

Both the **wine** from Chile and the **wine** from the west of Argentina are very good because of the altitude of the mountains – Tanto el **vino** de Chile como el **vino** del oeste de Argentina son muy buenos por la altitud de las montañas

the ice – el hielo

You could ask the waiter if he could bring us a couple of **ice** cubes for the water; it's very hot! – Podrías preguntarle al camarero si podría traernos un par de **hielos** para el agua, ¡hace mucho calor!

Adjectives

frío – cold

Because it's so hot, I'd like to drink something **cold**: maybe a glass of tonic water with ice – Como hace tanto calor, me gustaría beber algo **frío**: quizá un vaso de agua tónica con hielo

hot – caliente

I would like to eat a plate of **hot** stew – Me gustaría comer un plato de guiso bien **caliente**

spicy – picante

The food in Mexico is quite **spicy**, but you can ask in the restaurant for them to make it not so **spicy** – La comida en México es bastante **picante**, pero puedes pedir en los restaurantes que no la preparen tan **picante**

good – rico

This is so **good**, Natalia! It's delicious, did you cook it? – ¡Qué **rico** está esto, Natalia! Es delicioso, ¿lo has cocinado tú?

bad – malo

I made some coffee, but it's pretty **bad**; I think it is very watery – He preparado café, pero está bastante **malo**; creo que está muy aguado

tasty – sabroso

My father's food is really **tasty**! His specialty is pasta with meatballs – ¡La comida de mi padre es realmente **sabrosa**! Su especialidad es la pasta con albóndigas

Chapter 30 – Food (Part II)

This is the second part of the "Food" section. Here you will find verbs and nouns related to ordering and cooking, which is something you will definitely do during your trip to Latin America. If you are lucky enough, you will have people cooking for you as well—hopefully, locals!

Verbs

to eat – comer

I like cooking a lot, but I like **eating** a lot more! I think I've decided to be a cook because I love **to eat** – Me gusta mucho cocinar, ¡pero me gusta mucho más **comer**! Creo que he decidido ser cocinera por lo mucho que me gusta **comer**

to cook – cocinar

Do you want **to cook** something tonight? Or do you prefer that we go out to eat at a restaurant? – ¿Quieres **cocinar** algo esta noche? ¿O prefieres que salgamos a comer a un restaurante?

to prepare – preparar

Tonight, for my birthday, I am going **to prepare** a dinner for ten people – Esta noche, por mi cumpleaños, voy a **preparar** una cena para diez personas

to order – pedir

Would you like **to order** a few drinks before dinner is brought? – ¿Te gustaría **pedir** unos tragos antes de que nos traigan la cena?

to serve – servir

Excuse me, waiter, will you **serve** us dinner soon? We have tickets for the theater in a while – Disculpe, camarero, ¿nos va a **servir** la cena pronto? Tenemos entradas para el teatro en un rato

to taste – probar

Could I **taste** the raspberry ice cream? I want to know if it is too sweet before ordering it – ¿Podría **probar** el helado de frambuesa? Quiero saber si es demasiado dulce antes de pedirlo

to like – gustar

I really **like** fruits, especially watermelon and melon – Me **gustan** mucho las frutas, especialmente la sandía y el melón

Nouns

the food – la comida

Cuban **food** is really excellent; I would like to eat Cuban **food** all my life – La **comida** de Cuba es realmente excelente; me gustaría comer **comida** cubana toda mi vida

the dessert – el postre

Yesterday at the restaurant we ordered a **dessert** that I had never tried before. It's called "black forest" – Ayer en el restaurante hemos pedido un **postre** que nunca había probado antes. Se llama "selva negra"

the restaurant – el restaurante

In this area, there are many **restaurants** with Michelin stars, but they are very expensive for our budget – En esta zona, hay muchos **restaurantes** con estrellas Michelin, pero son muy caros para nuestro presupuesto

the coffee house/the cafe – la cafetería

There is a **cafe** near my house where my friends and I always go to have coffee and eat cakes – Hay una **cafetería** cerca de mi casa donde mis amigos y yo siempre vamos a tomar café y comer tartas

the check – la cuenta

Waitress, the **check**, please! – Camarera, ¡la **cuenta**, por favor!

the plate/the dish – el plato

I would like a **dish** with fish, but not too expensive. Is there something like that on the menu? – Me gustaría un **plato** con pescado, pero no demasiado caro. ¿Hay algo así en la carta?

the fork – el tenedor

Please, Miss, could you bring me another **fork**; I dropped this one on the ground. I'm sorry – Por favor, señorita, podría traerme otro **tenedor**; este se me ha caído al suelo. lo siento

the knife – el cuchillo

Be careful with that **knife**, Ágata, it is very sharp! – Cuidado con ese **cuchillo**, Ágata, ¡es muy filoso!

the spoon – la cuchara

For dessert, we would like a flan with cream and dulce de leche, and two **spoons**, please – De postre, nos gustaría un flan con crema y dulce de leche, y dos **cucharas**, por favor

the napkin – la servilleta

I need several **napkins**; my ice cream has melted, and I made a mess on the table – Necesito varias **servilletas**; se ha derretido mi helado, y he ensuciado la mesa

the bottle – la botella

We want a **bottle** of Argentine wine, preferably from Mendoza. Do you have Malbec? – Queremos una **botella** de vino argentino, preferentemente de Mendoza. ¿Tiene Malbec?

the mug/the cup – la taza

The afternoon is getting cold; I would like to go into a cafe and ask for a big and hot **cup** of coffee – Está poniéndose fresca la tarde; me gustaría entrar en un café y pedir una **taza** de café bien grande y bien caliente

the glass – el vaso

The first thing you should do every time a client arrives is to offer them a **glass** of water – Lo primero que debes hacer cada vez que llegue un cliente es ofrecerles un **vaso** de agua

the wine glass – la copa

I want a glass of beer and, for my husband, a **glass** of wine, please – Yo quiero un vaso de cerveza y, para mi esposo, una **copa** de vino, por favor

the can – la lata

In the house, there are only some **cans** of corn and a bag of white rice; I think we should go to a supermarket – En la casa, no hay más que algunas **latas** de maíz y una bolsa de arroz blanco; creo que deberíamos ir a un supermercado

the waiter/the waitress – el camarero/la camarera

Could you please ask the **waitress** to bring us an English menu, if they have one? – Podrías por favor pedirle a la camarera que nos traiga el menú en inglés, si es que lo tienen

the cook – el cocinero/la cocinera

Please, congratulate the **cook** on my behalf; the dinner was really delicious – Por favor, felicite al **cocinero** de mi parte; la cena estuvo realmente deliciosa

the tip – la propina

I have no idea if we should leave **tips** in this country and, if so, how much should we leave – No tengo idea si se deja **propina** en este país y, en caso de que sí, cuánto deberíamos dejar

Chapter 31 – Home

If you are having a homesick moment or need to describe your house or the place you are staying while traveling, then you will need to know the names of the rooms of the house and the furniture. If you are lucky enough to move to Latin America or Spain, you will definitely need this vocabulary when you rent an apartment or a room.

Basic vocabulary

the house – la casa

In my **house,** we are many: I live with my mother, my father, my brothers, and five dogs – En mi **casa,** somos muchos: vivo con mi madre, mi padre, mis hermanos, y cinco perros

the home – el hogar

This is my **home**: I was born here, and I have been living here for thirty years – Este es mi **hogar**: he nacido aquí, y vivo aquí desde hace treinta años

the soil – el suelo

The **soil** of the garden is very fertile. You can plant whatever you want: trees, flowers, shrubs: everything will grow! – El **suelo** del jardín es muy fértil. Puedes plantar lo que quieras: árboles, flores, arbustos: ¡todo crecerá!

the floor – el piso

The **floor** of the apartment is made of wood, so in winter you do not feel too cold – El **suelo** del apartamento es de madera, por lo que en invierno no se siente demasiado el frío

the roof – el techo

I think the **roof** needs to be repaired: since it started to rain, there is a leak in the living room – Creo que hay que reparar el **techo**: desde que empezó a llover, hay una gotera en la sala de estar

the wall – el muro

My cat likes to walk on the **walls** – A mi gato le gusta pasear sobre los **muros**

the wall – la pared

These **walls** are very thick; last night I did not hear you when you came from work – Estas **paredes** son muy gruesas; anoche no os oí cuando llegasteis de trabajar

the garden – el jardín

The hotel **garden** is beautiful: children are always playing hide and seek among the roses – El **jardín** del hotel es precioso: los niños siempre están jugando a las escondidas entre los rosales

Rooms

the kitchen – la cocina

The **kitchen** of this hostel is huge: sometimes more than ten people cook at the same time without problems – La **cocina** de este hostal es gigante: a veces cocinamos más de diez personas al mismo tiempo sin problemas

the living room – la sala

I am going to go to the **living room** for a while to lie on the sofa and watch a movie. Who wants to come with me? – Voy a ir un rato a la **sala** a recostarme en el sofá y ver una película. ¿Quién quiere venir conmigo?

the corridor – el corredor/el pasillo

The light bulb in the **corridor** does not work; we have to ask the owner of the apartment to buy a new one – Se ha roto la bombilla del **corredor**; hay que pedirle al dueño del piso que compre una nueva

the bathroom – el baño

In the apartment, there are two **bathrooms**: one in the main room, where Andrea and Ignacio sleep, and the other is for me and Augusto – En el apartamento, hay dos **baños**: uno en la habitación principal, donde duermen Andrea e Ignacio, y el otro para mí y para Augusto

Furniture

the door – la puerta

The **door** of the house is red – La **puerta** de la casa es roja

the window – la ventana

He was working quietly when a seagull came through the **window**! It was very difficult to get it out – Estaba trabajando tranquilamente ¡cuando una gaviota entró por la **ventana**! Fue muy difícil sacarla

the bed – la cama

The hotel **bed** is very comfortable; I would like to have a **bed** like that in my house – La **cama** del hotel es muy cómoda; me gustaría tener una **cama** así en mi casa

the mattress – el colchón

The **mattress** on my bed is very old; I want to buy a new one, but I do not have any money – El **colchón** de mi cama está muy viejo; quiero comprar uno nuevo, pero no tengo dinero

the sheets – las sábanas

I have moved into a new apartment, but I do not have **bedsheets**; I have to buy some urgently – Me he mudado a un apartamento nuevo, pero no tengo **sábanas**; tengo que ir a comprar unas urgentemente

the pillow – la almohada

My cat always wants to sleep on my **pillow**: it does not matter if I'm using it – Mi gato siempre quiere dormir sobre mi **almohada**: no le importa si la estoy usando

the chair – la silla

These wooden **chairs** were designed and manufactured at the beginning of the twentieth century. They are real antiques – Estas **sillas** de madera fueron diseñadas y fabricadas a principios del siglo veinte. Son verdaderas antigüedades

the couch/the sofa – el sofá

The new **sofa** in my house is made of bison leather, according to the seller; the truth is, I do not know anything about leather – El nuevo **sofá** de mi casa es de cuero de bisonte, según el vendedor; la verdad, yo no sé nada de cueros

the table – la mesa

Can we all sit at the **table**? Dinner is ready! – ¿Podemos sentarnos todos a la **mesa**? ¡La cena está servida!

the fridge/the refrigerator – el refrigerador/la heladera

Could you grab a few beers from the **refrigerator** and distribute them among the guests? – ¿Podrías agarrar unas cervezas del **refrigerador** y repartirlas entre los invitados?

Objects

the lamp – la lámpara

When I was little, I had a **lamp** shaped like Mickey Mouse – Cuando era pequeño, tenía una **lámpara** con forma del ratón Mickey

the carpet/the rug – la alfombra

Please try not to spill wine on the **carpet**: it is white, and it is very difficult to clean it – Por favor, intentad no derramar vino sobre la **alfombra**: es blanca y es muy difícil limpiarla

the bell – el timbre

Remember to ring the **bell** when you get to my house because I almost never have my phone with me – Recuerda tocar el **timbre** cuando llegues a mi casa porque casi nunca tengo mi teléfono conmigo

Chapter 32 – Measurement and Shapes

In this chapter, you will find the names of all the basic shapes and the units of measure, which might be very useful when studying, shopping, reading, or talking about art.

Units of measurement

the centimeter – el centímetro

Good morning, I am looking for a case for my laptop of thirty **centimeters** by fifty **centimeters** – Buenos días, estoy buscando una funda para mi ordenador portátil de treinta **centímetros** por cincuenta **centímetros**

the meter – el metro

The top of the hill is only one hundred and fifty **meters** above sea level, but the climb is very difficult – La cima del cerro está a solo ciento cincuenta **metros** sobre el nivel del mar, pero la subida es muy difícil

the gram – el gramo

Good evening, I need two hundred and fifty **grams** of wheat flour and three hundred grams of **sugar** – Buenas tardes, necesito doscientos cincuenta **gramos** de harina de trigo y trescientos **gramos** de azúcar

the kilogram – el kilo

Before starting this trip, I weighed fifty-two **kilos**; I have eaten so well in Colombia that now, fortunately, I weigh fifty-six **kilos** – Antes de comenzar este viaje, pesaba cincuenta y dos **kilos**; he comido tan bien en Colombia que ahora, por suerte, peso cincuenta y seis **kilos**

the degree – el grado

Lisa made a 180-**degree** turn in her life: now she works, she studies, and she no longer lives with her parents – Lisa hizo un giro de ciento ochenta **grados** en su vida: ahora trabaja, estudia, y ya no vive con sus padres

the liter – el litro

Good morning, sir, I need a **liter** of milk and a two-**liter** bottle of water, please – Buenos días, señor, necesito un **litro** de leche y una botella de dos **litros** de agua, por favor

the angle – el ángulo

Maybe, to solve this problem, we have to look at things from a different **angle** – Quizá, para solucionar este problema, tenemos que mirar las cosas desde otro **ángulo**

Geometry

the point/the dot/the stop – el punto

Today, at school, the teacher suggested that we make a drawing only with **dots** – Hoy, en la escuela, el maestro nos propuso hacer un dibujo solo con **puntos**

the line – la línea

My favorite dress is blue with white **lines** – Mi vestido favorito es azul con **líneas** blancas

the curve – la curva

At about three hundred meters, there is a very sharp **curve**; after the **curve**, you must turn on the first street on the right – A unos trescientos metros, hay una **curva** muy pronunciada; tras la **curva**, debes doblar en la primera calle a la derecha

the segment – el segmento

There is a **segment** of the population that is very religious, while another **segment** is very liberal – Hay un **segmento** de la población que es muy religioso, mientras que otro **segmento** es muy liberal

the square – el cuadrado

We went to the modern art museum, and there was a painting that was just a white **square** – Fuimos al museo de arte modern, y había un cuadro que era simplemente un cuadrado **blanco**

the rectangle – el rectángulo

There is a typical cake of this country that is shaped like a **rectangle** and is made with vanilla and coffee – Hay una torta típica de este país que tiene forma de **rectángulo** y está hecha con vainillas y café

the circle – el círculo

I bought a travel notebook that, on the cover, has many colored **circles** – Me he comprado un cuaderno de viaje que, en la portada, tiene muchos **círculos** de colores

the triangle – el triángulo

The feudal society was hierarchized as a **triangle**: the kings above, then the nobility and below the village – La sociedad feudal estaba jerarquizada como un **triángulo**: los reyes arriba, luego la nobleza y más abajo el pueblo

the diamond – el rombo

The baseball fields are shaped like a **diamond** – Los campos de béisbol tienen forma parecida a un **rombo**

the base/the foundations – la base

The **foundations** of this building are built specially earthquake-proof – Las **bases** de este edificio están construidas especialmente a prueba de terremotos

the area – la superficie

How big is the **surface** of the playing field of this stadium? – Qué grande es la **superficie** del campo de juego de este estadio?

the position – la posición

My GPS does not work very well; I cannot see the exact **position** where we are – Mi GPS no funciona muy bien; no puedo ver la **posición** exacta en la que estamos

the plane/flat – el plano

This plate is too **flat** to eat soup; we need a deeper plate – Este plato es demasiado **plano** como para comer sopa; necesitamos un plato más profundo

the dimension – la dimensión

I do not know in what **dimension** Javiera lives, but today she wished me a happy birthday: my birthday is in two months! – No sé en qué **dimensión** vive Javiera, pero hoy me dijo feliz cumpleaños: ¡faltan dos meses para mi cumpleaños!

the volume – el volumen

The **volume** of the problem was much bigger than we thought at the beginning – El **volumen** del problema era mucho más grande de lo que pensábamos en un comienzo

the cube – el cubo

The building is a large white **cube** with the lights inside – El edificio es un gran **cubo** blanco con las luces en el interior

the sphere – la esfera

There is a sculpture on the door of the Guggenheim Museum in Bilbao that is a set of shiny metallic **spheres** – Hay una escultura en la puerta del museo Guggenheim de Bilbao que es un conjunto de **esferas** metálicas brillantes

the radius – el radio

The **radius** of home delivery of the pizzeria is fifteen blocks; they will not deliver it here – El **radio** de entregas a domicilio de la pizzería es de quince cuadras; no pueden entregarnos aquí

Chapter 33 – Art

Art is an important part of any culture, and that is definitely the case in Latin America and Spain. In this chapter, you will learn some of the basic words related to visual arts and museums. You might not be a great expert, but if you stop by Madrid, you will definitely pop into the El Prado Museum or the Reina Sofía. If you want to understand or comment on what is going on, have this vocabulary in mind:

Nouns

the art – el arte

I really like **art**; I always wanted to study **Art** History, but finally, I studied Architecture – Me gusta mucho el **arte**; siempre quise estudiar Historia del **Arte**, pero finalmente estudié Arquitectura

the shape – la forma

I really like the **shape** of this sculpture: it looks like a honeycomb – Me gusta mucho la **forma** de esta escultura: parece un panal de Abejas

the work – la obra

This is the first **work** of art with which El Greco achieved some recognition – Esta es la primera **obra** de arte con la que El Greco logró algo de reconocimiento

the frame – el marco

This painting is beautiful, but I do not like the **frame** very much; it is too ornate – Este cuadro es hermoso, pero el **marco** no me gusta mucho; es demasiado ornamentado

the museum – el museo

The El Prado **Museum** is the most important **museum** in the city: inside, you can see some paintings by El Bosco, among other great artists – El **Museo** del Prado es el **museo** más importante de la ciudad: dentro, podrás ver algunas pinturas de El Bosco, entre otros grandes artistas

the gallery – la galería

My aunt owns a small art **gallery** in Colonia, Uruguay – Mi tía es dueña de una pequeña **galería** de arte en Colonia, Uruguay

the exhibit – la exposición

This art **exhibition** is very interesting: it talks about the conception of death in different cultures – Esta **exhibición** de arte es muy interesante: habla sobre la concepción de la muerte en distintas culturas

the image – la imagen

This **image** is really beautiful; I would like to get a copy of this picture for my house – Esta **imagen** es realmente hermosa; me gustaría conseguir una copia de este cuadro para mi casa

the painting – el cuadro

I like modern art, but eighteenth-century **paintings** are my favorite – Me gusta el arte moderno, pero los **cuadros** del siglo dieciocho son mis preferidos

the sculpture – la escultura

The **sculptures** of Eduardo Chillida are very famous throughout Europe – Las **esculturas** de Eduardo Chillida son muy famosas en toda Europa

the detail – el detalle

It is amazing the **detail** of these paintings; you can see even the threads of the clothes – Es increíble el **detalle** de estas pinturas; pueden verse hasta los hilos de la ropa

the style – el estilo

The tenebrism **style** is too dark for me; I prefer romantic works – El **estilo** tenebrism me resulta demasiado oscuro; prefiero las obras románticas

the paint – la pintura

A few years ago, I took **painting** classes, but then I realized that I like engraving a lot more – Hace unos años, tomé clases de **pintura**, pero luego me di cuenta de que me gusta mucho más el grabado

Verbs

to create – crear

You have to be a very artistic person **to create** such a story; I could never do it – Hay que ser una persona muy artística para **crear** una historia así; yo jamás podría hacerlo

to imagine – imaginar

As an exercise in class, today we had **to imagine** a solution for global warming – Como ejercicio en clase, hoy tuvimos que **imaginar** una solución para el calentamiento global

to express – expresar

I like to sing; it's not my career, I just do it **to express** my emotions – Me gusta cantar; no es mi carrera, simplemente lo hago para **expresar** mis emociones

to act – actuar

My youngest son, Luis, is going **to act** in a play at his school – Mi hijo menor, Luis, va a **actuar** en una obra de teatro en su escuela

to draw – dibujar

Could you **draw** a map of the area, so we know how to get there? – ¿Podrías **dibujar** un mapa de la zona, para que sepamos cómo llegar?

to paint – pintar

I do not know how **to paint**, but Marianela does – No sé **pintar**, pero Marianela sí sabe hacerlo

to expose/exhibit – exponer

At the end of the year, we will **exhibit** all the paintings we have made in the workshop during the year – A fin de año, vamos a **exponer** todas las pinturas que hemos realizado en el taller durante el año

to illustrate – ilustrar

They have hired an artist **to illustrate** the cover of the book that I wrote – Han contratado un artista para **ilustrar** la portada del libro que he escrito

Adjectives

colorful – colorido/colorida

Your coat is very **colorful**; where did you buy it? - Tu abrigo es muy **colorido**; ¿dónde lo has comprado?

contemporary – contemporáneo/contemporánea

People generally have many qualms about **contemporary** art, but in reality, it is not as complex as it claims to be – La gente generalmente tiene muchos reparos para con el arte **contemporáneo**, pero en realidad, no es tan complejo como pretende ser

creative – creativo/creativa

I would like to start doing some **creative** activity in my spare time – Me gustaría comenzar a hacer alguna actividad **creativa** en mis ratos libres

beautiful – bello/bella

Jeremías' drawings are really **beautiful**; he could be a great artist someday – Los dibujos de Jeremías son realmente **bellos**; podría ser un gran artista algún día

Chapter 34 – Colors

Colors are everywhere, and they are very important to describe the world around you.

Primary and secondary colors

red – rojo

My mother has a really beautiful old **red** car; it is always clean and bright – Mi madre tiene un auto antiguo color **rojo** verdaderamente hermoso; siempre está limpio y brillante

yellow – amarillo

The sun is **yellow**, lemons are **yellow**, bananas are **yellow**, and cheese is **yellow** – El sol es **amarillo**, los limones son **amarillos**, las bananas son **amarillas**, y el queso es **amarillo**

blue – azul

My favorite color is **blue** because it is the color of the sea and the color of the sky – Mi color preferido es **azul** porque es el color del mar y el color del cielo

orange – naranja

This is not my car; my car is **orange** – Este no es mi automóvil; mi automóvil es color **naranja**

green – verde

The children have been playing on the grass and now their knees are stained **green** – Los niños han estado jugando en el pasto y ahora sus rodillas están manchadas de **verde**

purple – violeta

Purple is a mixture between the red color and the blue color – El color **violeta** es una mezcla entre el color rojo y el color azul

purple – morado

Yesterday I fell and hit myself with a chair. Now I have a **purple** eye, like in the movies – Ayer me caí y me golpeé con una silla. Ahora tengo un ojo **morado**, como en las películas

Other colors

white – blanco

At my wedding, I will not wear a **white** dress because I do not like that color... I do not like dresses either: I will wear a black suit – En mi boda, no usaré un vestido **blanco** porque no me gusta ese color... tampoco me gustan los vestidos: usaré un traje negro

black – negro

I really like **black**; all my clothes are **black** – Me gusta mucho el color **negro**; toda mi ropa es **negra**

gray – gris

We wanted to go to the beach today, but it looks like it is going to rain: the sky is completely **gray** – Queríamos ir a la playa hoy, pero parece que va a llover: el cielo está completamente **gris**

pink – rosa

Before, girls were dressed in **pink** and boys in blue; nowadays, children are free to use any color – Antes, a las niñas las vestían de color **rosa** y a los niños de color celeste; hoy en día, los niños son libres de usar cualquier color

light blue – celeste

Sometimes I dream that I can fly, and I go to the sky until there is only **light blue** around me – A veces sueño que puedo volar, y voy hasta el cielo hasta que solo me rodea el color **celeste**

brown – marrón

Brown is the color of chocolate and coffee – El **marrón** es el color del chocolate y del café

brown – café

Patrick has beautiful **brown** eyes – Patricio tiene unos hermosos ojos color **café**

golden – dorado

At the party, everything was **golden**: the balloons, the plates, and all the decorations; many people had **golden** clothes too – En la fiesta, era todo color **dorado**: los globos, los platos, y toda la decoración; mucha gente tenía ropa **dorada** también

silver – plateado

This **silver** ring was from my great aunt; her husband gave it to her during the Second World War – Este anillo **plateado** era de mi tía abuela; su esposo se lo regaló durante la Segunda Guerra Mundial

turquoise blue – turquesa

I would like to find a **turquoise** quilt cover, but I cannot find one – Me gustaría conseguir una funda de edredón color **turquesa**, pero no puedo encontrar una

fuchsia – fucsia

In my sister's room, everything is **fuchsia**: the walls, the bed, the shelves, the sheets – En la habitación de mi hermana, todo es color **fucsia**: las paredes, la cama, los estantes, las sábanas

magenta – magenta

I like those **magenta** pants very much, but they are very expensive – Me gustan mucho esos pantalones color **magenta**, pero son muy caros

Other vocabulary

color – color

My mother loves **colors**; she is always dressed like a rainbow – Mi madre ama los **colores**; siempre está vestida como un arcoiris

light – claro

The text should not be of such a **light** color: it is very difficult to read it – El texto no debería ser de un color tan **claro**: es muy difícil leerlo

the light – la luz

There is a lot of **light** in this apartment because it has very large windows – Hay mucha **luz** en este apartamento porque tiene ventanas muy amplias

dark – oscuro

Caravaggio's paintings are very **dark** – Los cuadros de Caravaggio son muy **oscuros**

the darkness – la oscuridad

We should turn on some light: we are in the **dark** – Deberíamos encender alguna luz: estamos en la **oscuridad**

transparent – transparente

The glasses are **transparent**, so it is important that they are very clean – Las copas son **transparentes**, por lo que es importante que estén muy limpias

Chapter 35 – Music

Everyone likes music! While learning a new language, listening to music is a great idea. Listening to Spanish or Latin American songs is a way of practicing your listening abilities continuously.

Verbs

to play – tocar

I always wanted to learn **to play** an instrument, but I think I am too old already – Siempre quise aprender a **tocar** algún instrumento, pero creo que ya soy demasiado grande

to practice – practicar

My daughter is a professional pianist, and she has **to practice** about six hours a day – Mi hija es pianista profesional, y debe **practicar** unas seis horas al día

to sing – cantar

When I was little, I liked **to sing** in the church choir, but when my voice changed, I had to quit – Cuando era pequeño, me gustaba **cantar** en el coro de la iglesia, pero cuando me cambió la voz, tuve que dejarlo

to dance – bailar

What do you think if we look for a good place **to dance** salsa tonight? – ¿Qué les parece si buscamos un buen sitio donde **bailar** salsa esta noche?

Nouns

the music – la música

Music is the most important thing in my life: when I'm playing the guitar, I feel everything is perfect – La **música** es lo más importante en mi vida: cuando estoy tocando la guitarra, siento que todo es perfecto

the voice – la voz

Lara has a beautiful **voice**; I like it a lot when she sings blues songs – Lara tiene una **voz** hermosa; me gusta mucho cuando canta canciones de blues

the instrument – el instrumento

The hardest **instrument** to play is probably the harp, but I am not sure; we should ask a musician – El **instrumento** más difícil de tocar probablemente sea el arpa, pero no estoy segura; deberíamos preguntarle a un músico

the song – la canción

What was the name of that Mercedes Sosa **song** we listened to the other day in your car? – ¿Cómo se llamaba esa **canción** de Mercedes Sosa que escuchamos el otro día en tu coche?

the concert – el concierto

On Saturday, at the theater, there will be a classical music **concert** that will be free for people under 30. Do you feel like going? – El sábado, en el teatro, habrá un **concierto** de música clásica que será gratuito para los menores de 30 años. ¿Te apetece ir?

the rhythm – el ritmo

My favorite **rhythm** to dance to is bachata, but when I am at home, I prefer listening to rock music – El **ritmo** que más me gusta para bailar es la bachata, pero cuando estoy en mi casa, prefiero escuchar rock

the volume – el volumen

The neighbors have complained that the **volume** of the music is too high; we should lower it – Los vecinos se han quejado de que el **volumen** de la música está demasiado fuerte; deberíamos bajarlo

the tune – el tono

I think that guitar is out of **tune**; you should tune it – Creo que esa guitarra está fuera de **tono**; deberías afinarla

the genre – el género

My favorite musical **genre** is jazz, but I also like rock, blues, and reggae – Mi **género** musical preferido es el jazz, pero también me gusta el rock, el blues, y el reggae

the orchestra – la orquesta

The stable **orchestra** of the Teatro Colón is very important in the country and in the region – La **orquesta** estable del teatro Colón es muy importante en el país y en la región

the band – la banda/el grupo

I think we should form a **band**: I can play the drums, you can sing, and Manuel can play the guitar – Creo que deberíamos formar una **banda**: yo puedo tocar la batería, tú puedes cantar, y Manuel puede tocar la guitarra

the choir – el coro

My father is in a **choir** with other people his age: they sing popular and folk songs – Mi padre está en un **coro** con otras personas de su edad: cantan canciones populares y folklóricas

Instrumentos

the guitar – la guitarra

You have a **guitar**! That's great. Can I play a song? – ¡Tienes una **guitarra**! Eso es genial. ¿Puedo tocar una canción?

the piano – el piano

In my aunt's house, there is a huge grand **piano**, but nobody in the house knows how to play it – En la casa de mi tía hay un enorme **piano** de cola, pero nadie en la casa sabe tocarlo

the drum – el tambor

In the demonstration, there was a man with a big **drum** – En la manifestación, había un hombre con un gran **tambor**

the violin – el violín

When I was little, I wanted to learn to play the **violin**, but I never got to be too good – Cuando era pequeña, quise aprender a tocar el **violín**, pero nunca logré ser demasiado buena

Adjectives

classic – clásico/clásica

I never liked **classic** music; my father, on the other hand, is a fanatic – Nunca me ha gustado mucho la música **clásica**; mi padre, en cambio, es un fanático

modern – moderno/moderna

Could we listen to some song a little more **modern**? This is what my mother listened to when she was young – ¿Podríamos escuchar alguna canción un poco más **moderna**? Esto es lo que escuchaba mi madre cuando era joven

loud – fuerte

Excuse me, waiter, the music is too **loud**, we can not hear anything, could you lower it? – Disculpe, camarero, la música está demasiado **fuerte**, no podemos escuchar nada, ¿podría bajarla?

low – bajo/baja

If you speak so **low**, I cannot hear what you say – Si hablas tan **bajo**, no puedo oír lo que dices

Chapter 36 – Money

In some cultures, it is considered rude to talk about money, but this book is going to cover it. Talking about money, means of payment, currencies, and prices is fundamental for you to be able to pay, buy, and even sell things.

Nouns

the money – el dinero

I have spent a lot of **money** on this trip: Spain is not an expensive country, but I have bought many gifts, and I have gone to many expensive restaurants – He gastado mucho **dinero** en este viaje: España no es un país caro, pero he comprado muchos regalos, y he ido a muchos restaurantes caros

the price – el precio

The **price** that I have to pay for the free life that I have is that sometimes I do not have too much money in the bank account – El **precio** que debo pagar por la vida libre que llevo es que a veces no tengo demasiado dinero en la cuenta de banco

the change/the exchange – el cambio

Excuse me, do you know where there is an **exchange** house around here? – Disculpe, ¿sabe dónde hay una casa de **cambio** por aquí?

the value – el valor

The **value** of this cover is three thousand pesos, but if you pay in cash, they will surely give you a discount – El **valor** de esta funda es de tres mil pesos, pero si pagas en efectivo, seguramente te hagan un descuento

cash – efectivo

I am not used to having **cash**; in my country, I simply use my credit card everywhere – No estoy acostumbrada a tener **efectivo**; en mi país, simplemente uso mi tarjeta de crédito en todos lados

the credit card – la tarjeta de crédito

We do not accept American Express **credit cards**, madam – No aceptamos **tarjetas de crédito** American Express, señora

the check – el cheque

It seems ancient, but I am still paid with a **check** – Parece una antigüedad, pero a mí todavía me pagan mi sueldo con un **cheque**

the wallet – la cartera

Be careful with your **wallet**; in this area, there are many pickpockets who will try to steal it from you – Ten cuidado con tu **cartera**; en esta zona, hay muchos ladrones que intentarán quitártela

the bank – el banco

The **bank** opens at nine in the morning and closes at two in the afternoon; after that time, you will have to use the ATM – El **banco** abre a las nueve de la mañana y cierra a las dos de la tarde; después de esa hora, debes usar el cajero automático

the note/the bill – el billete

The **notes** of this country are very colorful, and they have images of local animals – Los **billetes** de este país son muy coloridos, y tienen imágenes de animales locales

the coin – la moneda

I put everything I had in the washing machine, but I need fifty cents. Do you have a **coin**? – He puesto todo lo que tenía en la lavadora, pero aún me faltan cincuenta céntimos. ¿Tienes una **moneda**?

the cash machine/the ATM – el cajero automático

The **ATM** on the corner is broken; we must find another – El **cajero automático** de la esquina está roto; debemos buscar otro

Verbs

to buy – comprar

Could you **buy** a toothbrush for me too when you go to the supermarket? I forgot mine at home – ¿Podrías **comprar** un cepillo de dientes para mí también cuando vayas al supermercado? Me he olvidado el mío en casa

to sell – vender

This man wants **to sell** me shoes, but I want sandals. Could you explain it to him? – Este hombre me quiere **vender** zapatillas, pero yo quiero unas sandalias. ¿Podrías explicarle?

to pay – pagar

Before we leave, let's not forget **to pay** for the drinks – Antes de irnos, no olvidemos **pagar** los tragos

to charge – cobrar

Could you **charge** us, please? We have to leave in a few minutes – ¿Nos podría **cobrar**, por favor? Tenemos que irnos en unos minutos

to return – devolver

Do you think I can **return** the book you gave me, or has it been too long? – ¿Crees que puedo **devolver** el libro que me regalaste, o ha pasado demasiado tiempo?

to lend – prestar

I asked Victoria if she can **lend** me a coat for the snow, but she still hasn't replied yet – Le he preguntado a Victoria si me puede **prestar** un abrigo para la nieve, pero aún no me ha respondido

Conjugated verbs

it is worth – merece la pena

Is it worth going to the theater on a Saturday night? – ¿**Merece la pena** ir al teatro un sábado por la noche?

it costs – cuesta

How much does this box **cost**? I would like to buy it, but I do not have too much money – ¿Cuánto **cuesta** esta caja? Me gustaría comprarla, pero no tengo demasiado dinero

I have spent – he gastado

I have spent almost everything I had to come here to visit you. Do you know of any work? – **He gastado** casi todo lo que tenía en venir aquí a visitarte. ¿Sabes de algún trabajo?

rental – alquiler

A couple of blocks away from here there is a bike **rental**; if you want, we can stop by and cycle around the city – A un par de calles de aquí hay un lugar de **alquiler** de bicicletas; si quieren, podemos pasar por allí e ir a dar una vuelta por la ciudad

Adjectives

free – gratis

I thought that the pinchos were **free**, but it turns out that you have to pay for them – Pensaba que los pinchos eran **gratis**, pero resulta que tienes que pagarlos

cheap – barato

I feel that everything is very **cheap** in this country – Siento que todo es muy **barato** en este país

expensive – caro

This restaurant seems too **expensive** for us – Este restaurante parece demasiado **caro** para nosotros

Chapter 37 – Shopping

Now that you know the basic vocabulary to talk about money, you can move forward to shopping. Whether or not you like buying clothes, knowing item names can be very useful to communicate with other people, buy presents, get dressed, do laundry, and simply describe the world around you.

Nouns

the store – la tienda

Today we saw, in the city center, a tie **shop** where you could buy your father's birthday present – Hoy vimos, en el centro de la ciudad, una **tienda** de corbatas donde podrías comprarle el regalo de cumpleaños a tu padre

the supermarket – el supermercado

I have already gone to the **supermarket** twice today. Could you go buy what is needed to prepare dinner? – Ya he ido dos veces al **supermercado** hoy. ¿Podríais ir vosotras a comprar lo que falta para preparar la cena?

the mall/the shopping center – el centro comercial

In Colombia, **shopping centers** are very popular: it is where families go for a walk and where young people gather to hang out – En

Colombia los **centros comerciales** son muy populares: es donde las familias van a pasear y donde los jóvenes se reúnen para pasar el rato

the market – el mercado

In the **market** of the main square, there are always homemade cheeses and sausages at a very good price – En el **mercado** de la plaza principal, siempre hay quesos y embutidos artesanales a muy buen precio

the receipt – el recibo

I do not know where I left the **receipt** of the purchase, and I need it to show it to my boss – No sé dónde he dejado el **recibo** de la compra, y lo necesito para mostrárselo a mi jefe

Clothes and accessories

the pants/the trousers – los pantalones

I would like to buy some snow **pants** before going to the mountains – Me gustaría comprarme unos **pantalones** para la nieve antes de ir a la montaña

the T-shirt – la camiseta

I had a gray T-**shirt**, but I think I lost it in the laundry – Tenía una **camiseta** gris, pero creo que la he perdido en el lavadero automático

the shirt – la camisa

Before going to the office, every morning, I have to iron my **shirt** – Antes de ir a la oficina, todas las mañanas, debo planchar mi **camisa**

the blouse – la blusa

Tomorrow I want to go back to the mall to buy that yellow **blouse** that we saw – Mañana quiero volver al centro comercial para comprar esa **blusa** amarilla que vimos

the hat – el sombrero

I need a **hat** for tomorrow's hike; the sun is too bright – Necesito un **sombrero** para la caminata de mañana; el sol está demasiado fuerte

the scarf – la bufanda

Do you have a **scarf** to lend me? I did not think it would be so cold in this place – ¿Tienes una **bufanda** para prestarme? No pensé que haría tanto frío en este sitio

the coat – el abrigo

You can leave your **coat** in that closet – Puedes dejar tu **abrigo** en ese armario

the underwear – la ropa interior

Do you know where we can buy **underwear** at a good price in this neighborhood? – ¿Sabes dónde podemos comprar **ropa interior** a buen precio por este barrio?

the glasses – las gafas

My **glasses** are broken! I must buy new ones as soon as possible because I do not see a thing – ¡Se me han roto las **gafas**! Debo comprar unas nuevas cuanto antes porque no veo nada

the sunglasses – las gafas de sol

Where are my **sunglasses**? I can't find them anywhere… Oh! Wait! They are in my head – ¿Dónde están mis **gafas de sol**? No las veo por ningún lado… ¡Oh! ¡Espera! Están en mi cabeza

the shoes – los zapatos

We have to change Rafael's new **shoes** because they are too small – Debemos ir a cambiar los **zapatos** nuevos de Rafael porque le quedan demasiado pequeños

the trainers/the shoes – las zapatillas

Remember to wear comfortable **shoes** during the trip: you are going to walk for many hours every day, and you do not want to end up with sore feet – Recuerda usar **zapatillas** cómodas durante el viaje: vas a caminar muchas horas todos los días, y no quieres acabar con los pies lastimados

the bag – el bolso

Do not leave your **bag** lying anywhere; you're going to lose it! – No dejes tu **bolso** tirado por cualquier sitio; ¡vas a perderlo!

the makeup – el maquillaje

I used to wear a lot of **makeup**; now, I have realized that it does not necessarily make me look better – Antes solía usar mucho **maquillaje**; ahora, me he dado cuenta de que no necesariamente me hace verme mejor

the briefcase – el maletín

In my mother's **briefcase**, you can find anything, like a pen… or an onion! – En el **maletín** de mi madre, puedes encontrar cualquier cosa, como un bolígrafo… ¡o una cebolla!

the button – el botón

When I was taking off my shirt, one of the **buttons** flew out, and now I cannot find it – Cuando me estaba quitando la camisa, uno de los **botones** salió volando, y ahora no puedo encontrarlo

the pocket – el bolsillo

What is that in your **pockets**? Are you eating chocolates again? Remember what the dentist said – ¿Qué tienes en los **bolsillos**? ¿De nuevo estás comiendo chocolates? Recuerda lo que dijo el dentista

the jacket – la chaqueta

Yesterday I bought a very nice dark green **jacket** – Ayer me compré una **chaqueta** muy bonita, color verde oscuro

the glove – el guante

I thought it would be hotter around this time of the year; however, it's so cold that I have to wear **gloves** – Pensé que ya haría más calor en esta época del año; sin embargo, hace tanto frío que tengo que usar **guantes**

the sock – el calcetín/la media

Could you notice if I have left a **sock** inside the washing machine? – ¿Podrías fijarte si he dejado un **calcetín** dentro de la lavadora?

Chapter 38 – Communication

In this chapter, you will learn the vocabulary related to oral communication, conversations, explanations, and so on!

Verbs

to say – decir

If someone wants **to say** something, first you have to raise your hand – Si alguien quiere **decir** algo, antes debe levantar la mano

to talk – hablar

When you get home tonight, we should sit down and **talk** for a while – Cuando llegues esta noche a casa, debemos sentarnos a **hablar** un rato

to call – llamar

Could you **call** the pizzeria? I am very hungry, and I am dying for a pepperoni pizza – ¿Podrías **llamar** a la pizzería? Tengo mucha hambre, y muero por una pizza con pepperoni

to tell – contar

I am going **to tell** you a secret, but you must promise that you will not tell anyone – Te voy a **contar** un secreto, pero debes prometerme que no se lo dirás a nadie

to ask – preguntar

Can I **ask** you something? How is it possible that my last beer has just disappeared from the fridge? – ¿Te puedo **preguntar** algo? ¿Cómo es posible que haya desaparecido mi última cerveza del refrigerador?

to reply/to answer – responder/contestar

You should always **answer** the questions a policeman asks you, even if you do not understand why they ask them – Siempre debes **responder** las preguntas que te hace un policía, incluso si no entiendes por qué lo hacen

to explain – explicar

Can someone **explain** to me what is happening? Why is everyone getting away from the water? Has someone seen a shark? – ¿Alguien me puede **explicar** qué sucede? ¿Por qué todo el mundo está yéndose del agua? ¿Acaso han visto un tiburón?

to announce – anunciar

I have something important **to announce**: I am going to live in Mexico for six months! – Tengo algo importante que **anunciar**: ¡me voy a ir a vivir a México seis meses!

to lie – mentir

In this game, **lying** is not allowed – En este juego, no se vale **mentir**

Conjugated verbs

you forget – olvida

Forget what I told you last night; finally I do not need you to lend me money – **Olvida** lo que te dije anoche; finalmente no necesito que me prestes dinero

I remember – recuerdo

I remember that, as a child, my favorite toy was a stuffed duck named "Pati" – **Recuerdo** que, cuando era niño, mi juguete preferido era un pato de peluche que se llamaba 'Pati'

he/she pointed out – señaló

As Professor Rodríguez correctly **pointed out**, this argument has not been valid for more than twenty years – Como bien **señaló** el profesor Rodríguez, este argumento no es válido desde hace más de veinte años

it means – significa

In this country, people are so unpunctual that when someone tells you to do something at 3 in the afternoon, **it means** you should go two hours later – En este país, son tan impuntuales que cuando alguien te dice de hacer algo a las 3 de la tarde, **significa** que debes ir dos horas después

make sure – asegúrate

Make sure no one sees where you keep the money – **Asegúrate** de que nadie vea dónde guardas el dinero

I have noticed – he notado

I have noticed that people of this city always say yes when you propose to do something new – **He notado** que la gente de esta ciudad siempre dice que sí cuando les propones hacer algo nuevo

he/she stated – afirmó

The witness **stated** that he saw the accused on the other side of the city at the same time the crime occurred – El testigo **afirmó** que vio a los acusados en la otra punta de la ciudad en el mismo momento en el que ocurrió el crimen

he/she denied – negó

Lucrecia **denied** having been part of the organization of the surprise party – Lucrecia **negó** haber sido parte de la organización de la fiesta sorpresa

he/she insists – insiste

Veronica always **insists** until she gets what she wants; she is really annoying! – Verónica siempre **insiste** hasta que consigue lo que quiere, ¡es realmente pesada!

he/she has told – ha comentado

My mother **told** me that the neighbor died, so the whole neighborhood is in mourning – Mi madre me **ha comentado** que la vecina falleció, así que todo el barrio está de luto

Nouns

communication – la comunicación

The most important thing to have a good relationship with your partner is to achieve fluent **communication** – Lo más importante para tener una buena relación con tu pareja es lograr una **comunicación** fluida

the talk – la charla

I had the most uncomfortable **talk** in the world with my father when I was fifteen years old and he found a bottle of rum among my things – Tuve la **charla** más incómoda del mundo con mi padre cuando tenía quince años y encontró una botella de ron entre mis cosas

the conversation – la conversación

I think you and I should have a thorough **conversation** on this subject – Creo que tú y yo deberíamos tener una **conversación** a fondo sobre este tema

the explanation – la explicación

Someone owes me an **explanation**: I have been gone for two days, and the house is a complete mess – Alguien me debe una **explicación**: me he ido dos días, y la casa está hecha un desastre

the language – el lenguaje

Sometimes I feel that lawyers speak in a completely different **language** – A veces siento que los abogados hablan en un **lenguaje** completamente distinto

the language – el idioma

Daniela speaks five **languages**! It's really amazing – ¡Daniela habla cinco **idiomas**! Es realmente increíble

Chapter 39 – Reading and Writing

Do you read books? Maybe magazines? Letters, emails, or even text messages? This chapter will show you everything you need to know about written communication.

Nouns

the letter – la letra

The first **letter** of the alphabet is the letter *a* – La primera **letra** del abecedario es la letra *a*

the word – la palabra

I think the most beautiful **word** in the Spanish language is *butterfly* – Creo que la **palabra** más hermosa del idioma español es *mariposa*

the sentence – la frase

Sometimes it is hard for me to speak Spanish: I know what I want to say but I find it hard to put together the **sentence** – A veces me cuesta hablar español: sé lo que quiero decir pero me cuesta mucho armar la **frase**

the full stop/the period – el punto

You should always capitalize the first word after a **period** – Siempre debes escribir con mayúscula la primera palabra después de un **punto**

the comma – la coma

Be careful when you write: a **comma** can change the meaning of the whole sentence – Ten cuidado cuando escribes: una **coma** puede cambiar el sentido de toda la oración

the semicolon – el punto y coma

I really like to use the **semicolon** to separate ideas within a sentence – Me gusta mucho usar el **punto y coma** para separar ideas dentro de una misma frase

the book – el libro

My favorite **book** is *One Hundred Years of Solitude*, by the Colombian writer Gabriel García Márquez – Mi libro preferido es *Cien años de soledad*, del escritor colombiano Gabriel García Márquez

the page – la hoja

Someone has ripped off a **page** of this book! – ¡Alguien ha arrancado una **hoja** de este libro!

the page – la página

It is a really catchy book: I started it yesterday, and I am already on **page** one hundred thirty-seven – Es un libro realmente absorbente: lo comencé ayer, y ya voy por la **página** ciento treinta y siete

the author – el autor/la autora

There were many **authors** in the history of literature who did not have visibility simply because they were women – Hubo muchas **autoras** en la historia de la literatura que no tuvieron visibilidad simplemente por el hecho de ser mujeres

the character – el personaje

I think the best **character** in the whole book is the murderer – Creo que el mejor **personaje** de todo el libro es el asesino

the letter – la carta

I have never sent or received a **letter** in my whole life; I am too young! – Nunca en mi vida he enviado o recibido una **carta**; ¡soy demasiado joven!

the magazine – la revista

I have written my first article for a **magazine**; it will be published soon! – He escrito mi primer artículo para una **revista**; ¡muy pronto estará publicado!

the newspaper – el periódico/el diario

The consumption of **newspapers** has dropped a lot, but they still have a lot of visibility and political power – El consumo de **periódicos** ha bajado mucho, pero aún así tienen mucha visibilidad y peso político

the text – el texto

I have written a **text** for university that received praise from my teachers and my classmates – He escrito un **texto** para la universidad que ha recibido elogio por parte de mis profesores y mis compañeros

the article – el artículo

I read an **article** about the Mayan culture that I found very interesting – He leído un **artículo** sobre la cultura maya que me pareció muy interesante

the chapter – el capítulo

The first **chapter** of the book is very good; I cannot wait to read the rest – El primer **capítulo** del libro es muy bueno; no puedo esperar a leer el resto

the short story – el cuento

Every night I read a **story** to the girls before they fall asleep – Todas las noches leo un **cuento** a las niñas antes de que se duerman

the pen – el bolígrafo

This is my favorite **pen**; they gave it to me in college when I graduated – Este es mi **bolígrafo** preferido; me lo regalaron en la universidad cuando me gradué

the pencil – el lápiz

Those are drawing **pencils**; they are not good for writing – Esos son **lápices** de dibujo, no son buenos para escribir

the beginning – el inicio

The **beginning** of the book is very good, but then it gets boring – El **inicio** del libro es muy bueno, pero luego se torna aburrido

the end – el fin/el final

The **end** of the story is absolutely shocking – El **final** de la historia es absolutamente impactante

Verbs

to write – escribir

I have always wanted **to write** a book, but I am not a very creative person – Siempre he querido **escribir** un libro, pero no soy una persona muy creativa

to read – leer

During the holidays, maybe we can teach Esteban **to read** since we will have a lot of free time – Durante las vacaciones, quizá podemos enseñar a Esteban a **leer** ya que tendremos mucho tiempo libre

to sign – firmar

Excuse me, sir, could you **sign** the receipt? – Disculpe, señor, ¿podría **firmar** el recibo de compra?

Chapter 40 – Studying

Are you traveling to Latin America or Spain to do an academic exchange or a Spanish course? Even if you are not, being able to talk about studies is important if you are getting to know other people and talking about yourself.

Nouns

the class - la clase

This is Karen; she is in one of my college **classes** – Esta es Karen; está en una de mis **clases** de la universidad

the classroom – el aula

We take Chemistry classes in a really big **classroom**, where about two hundred people can fit – Tomamos las clases de Química en un **aula** realmente grande, donde caben unas doscientas personas

the workshop – el taller

During the summer, I would like to attend a theater **workshop** to improve my public speaking skills – Durante el verano, me gustaría asistir a un **taller** de teatro para mejorar mis habilidades de oratoria

study – el estudio

My roommates and I are very focused on our **studies**, which is why we do not do parties at home – Mis compañeros de piso y yo estamos muy enfocados en el **estudio**, por eso no hacemos fiestas en casa

knowledge – el conocimiento

Data and information are not the same as **knowledge**: **knowledge** is acquired after many years – Los datos y la información no son lo mismo que el **conocimiento**: el **conocimiento** se adquiere después de muchos años

the test – el examen/la prueba

I do not know if I am ready for tomorrow's **test**, could you help me? – No sé si estoy listo para el **examen** de mañana, ¿podrías ayudarme?

the degree – el título

I have a **degree** in architecture, but I mainly work in interior design; I find it more interesting – Tengo un **título** de arquitecta, pero me dedico principalmente al diseño de interiores; me parece más interesante

the grade – la nota/la calificación

I think the teacher has been very generous with the **grades**; I did not think the exam was so good – Creo que el profesor ha sido muy generoso con las **calificaciones**; no pensé que el examen estuviera tan bien

the backpack – la mochila

At this time in my life, I have so few possessions that everything I have fits in a **backpack** – En este momento de mi vida, tengo tan pocas posesiones que todo lo que tengo cabe en una **mochila**

the board/the blackboard – la pizarra

After two hours of class, there were so many things written on the **board** that I realized that taking a picture would be easier than copying everything down – Después de dos horas de clase, había tantas cosas escritas en la **pizarra** que me di cuenta de que sacarle una foto sería más fácil que copiar todo

the notebook – el cuaderno

I have a **notebook** for each subject: the green one is Math, could you hand it to me? – Tengo un **cuaderno** para cada asignatura: el verde es de Matemáticas, ¿podrías alcanzármelo?

Verbs

to study – estudiar

I would love to party tonight, but I have **to study** for next week's History test – Me encantaría salir de fiesta esta noche, pero tengo que **estudiar** para el examen de Historia de la semana que viene

to know – saber

I want **to know** everything about this subject; it is very interesting! – Quiero **saber** todo sobre este tema; ¡es muy interesante!

to learn – aprender

You come to school **to learn**, but you also come to make friends and to play – Vienes a la escuela a **aprender**, pero también vienes a hacer amigos y a jugar

to teach – enseñar

Today I will **teach** you how to make garlic and onion bread; it is a very simple and tasty recipe – Hoy les voy a **enseñar** a hacer pan de ajo y cebolla; es una receta muy sencilla y sabrosa

Institutions

the school – la escuela

Mom, I am very tired! I do not want to go to **school** today; I want to continue sleeping – Mamá, ¡estoy muy cansado! No quiero ir a la **escuela** hoy; quiero seguir durmiendo

the university – la universidad

The best **university** in Argentina is the University of Buenos Aires – La mejor **universidad** de Argentina es la Universidad de Buenos Aires

the kindergarten – el preescolar/el jardín de infantes

Little Uma will start going to **kindergarten** next week; we are very excited! – La pequeña Uma comenzará a ir al **jardín de infantes** la semana que viene; ¡estamos muy emocionados!

the nursery – la guardería

In my work, there is a **nursery** so that mothers with small children can work quietly without being far from our babies – En mi trabajo, hay una **guardería** para que las madres con hijos pequeños podamos trabajar tranquilas sin estar lejos de nuestros bebés

People

the director/the principal – el director/la directora

The school **principal** is a very intelligent man with many years of experience in education – El **director** de la escuela es un hombre muy inteligente y con muchos años de experiencia en educación

the teacher – el maestro/la maestra

You are the best **teacher** I have ever had! I have learned a lot in your class – ¡Usted es el mejor **maestro** que he tenido! He aprendido muchísimo en su clase

the professor – el profesor/la profesora

My aunt is a **professor** at a high school – Mi tía es **profesora** en una escuela secundaria

the student – el alumno/la alumna

I have not had a **student** as creative as Oscar for many years – Hace muchos años que no tengo un **alumno** tan creativo como Óscar

the student – el estudiante/la estudiante

Marcia is the best **student** in the whole school; I would not be surprised if one day she becomes a very successful person – Marcia es la mejor **estudiante** de toda la escuela; no me sorprendería si algún día llega a ser una persona muy exitosa

the classmate – el compañero/la compañera

This is Patricio; he is a **classmate** from university – Este es Patricio; es un **compañero** de mi universidad

Chapter 41 – Work (Part I)

You might be traveling or moving to Latin America or Spain for work. Or maybe you are going on a business trip, but you will certainly be asked about what you do for a living. Whatever the case, in this chapter, you will find the vocabulary you need to talk about working.

Nouns

the work – el trabajo

In my **work,** we have a saying: "It's easier to pay for good statistics than for bad decisions." – En mi **trabajo** tenemos un dicho: "Es más fácil pagar buenas estadísticas que malas decisions."

the office – la oficina

I work in a software company that has its headquarters in Madrid and several **offices** in other cities in Spain and Buenos Aires – Trabajo en una empresa de software que tiene su **oficina** central en Madrid y varias **oficinas** en otras ciudades de España y en Buenos Aires

the effort – el esfuerzo

If you are making a great effort and feel that you do not earn enough, then maybe you should start thinking about looking for another job –

Si haces un **esfuerzo** muy grande y sientes que no ganas lo suficiente, entonces tal vez deberías comenzar a pensar en buscar otro trabajo

the process – el proceso

The **process** of admission to this company has been so long that if they do not hire me now, I should ask them to compensate me for the time I invested – El **proceso** de admisión a esta empresa ha sido tan largo que, si ahora no me contratan, debería pedirles que me compensen por el tiempo invertido

the company – la compañía/la empresa

This is one of the most important insurance **companies** in the country; I know several people who work there, and they say that wages are good – Esta es una de las **compañías** de seguros más importantes del país; conozco varias personas que trabajan allí, y dicen que los salarios son buenos

the business – el negocio

My father has a small **business** selling carpets and home furniture – Mi padre tiene un pequeño **negocio** de venta de alfombras y muebles para el hogar

the project – el proyecto

I am in South America for a **project** of my company related to the awareness of deforestation of the Amazon – Estoy en Sudamérica por un **proyecto** de mi empresa relacionado con la concienciación sobre la deforestación del Amazonas

the meeting – la reunión

On Tuesday, I have a **meeting** at three-thirty in the afternoon near your house; if it is good with you, I can drop by – El martes, que viene tengo una **reunión** a las tres y media de la tarde cerca de tu casa; si te parece bien, puedo pasar un rato

the position – el puesto

I have been promoted; in my new **position**, I have many more responsibilities and people in charge – Me han ascendido; en mi nuevo **puesto**, tengo muchas más responsabilidades y gente a cargo

the outcome – el resultado

The **outcome** of the project was an absolute failure, but in the process, we learned many things – El **resultado** del proyecto fue un absoluto fracaso, pero en el proceso, hemos aprendido muchas cosas

the activity – la actividad

This can be a very interesting **activity**, if you are a curious person – Esta puede ser una **actividad** muy interesante, si eres una persona curiosa

the task – la tarea

I do not understand the **task** assigned to me by my boss. Could you help me decipher what he wants? – No entiendo la **tarea** que me ha asignado mi jefe. ¿Podrías ayudarme a descifrar qué es lo que quiere?

Adjectives

professional – profesional

You cannot go out on a date with your client; that would not be very **professional** – No puedes salir en una cita con tu cliente; eso no sería muy **profesional**

successful – exitoso/exitosa

If you want to be **successful**, you must not only work hard but also you must have good personal relationships with the people around you – Si quieres ser **exitoso**, no solo debes trabajar duro también debes aprender a tener buenas relaciones personales con la gente que te rodea

hard-working – trabajador/trabajadora

My daughter Agostina is very **hardworking**; she is only twenty-five years old and she already has a very good position in the company she works for – Mi hija Agostina es muy **trabajadora**; tiene solo veinticinco años y ya tiene un muy buen puesto en su empresa

Conjugated verbs

I work – yo trabajo

I work for the Government; I am a communication advisor for the Ministry of Health – Yo **trabajo** para el Gobierno; soy asesor de comunicación para el Ministerio de Salud

it produces – produce

The factory where I work recycles plastics and **produces** toys and other objects – La fábrica donde trabajo recicla plásticos y **produce** juguetes y otros objetos

we achieve – logramos

When we work together, as a team, **we** always **achieve** more important things – Cuando trabajamos unidos, como un equipo, siempre **logramos** cosas más importantes

you earn – ganas

If you feel that what **you earn** is fine for the work you do, then you have no reason to complain – Si sientes que lo que **ganas** está bien para el trabajo que haces, entonces no tienes de qué quejarte

he/she directs/runs – dirige

My boss **runs** the company with a lot of determination – Mi jefa **dirige** la empresa con mucha determinación

they manage – administran

That is the team of accountants of the company; **they manage** our income and our expenses – Ese es el equipo de contadores de la empresa; ellos **administran** todos nuestros ingresos y nuestros gastos

he/she fulfills/meets – cumple

Ramiro always **meets** expectations, and he is very hardworking; I think we could consider him for a promotion – Ramiro siempre **cumple** con las expectativas, y es muy trabajador; creo que podríamos considerarlo para un ascenso

we hired – hemos contratado

We hired a new lawyer for the company because the one we had before wasn't very good – **Hemos contratado** un nuevo abogado para la empresa, porque el que teníamos antes no era muy bueno

he/she was fired – fue despedido/despedida

Analía **was fired** because she did not do everything she had to do and nobody liked her – Analía **fue despedida** porque no hizo todo lo que tenía que hacer y se llevaba muy mal con todo el mundo

I solve – resuelvo

I always **solve** my boss' problems; that's why he forgives me for anything – Siempre **resuelvo** los problemas de mi jefe, por eso me perdona cualquier cosa

Chapter 42 – Work (Part II)

In the last chapter, you learned the basic vocabulary related to work. In this chapter, you will learn the names of some of the most common positions and professions, so you can tell people precisely what you do.

Positions

the boss – el jefe

My **boss** is very kind; he always has something good to say about our work – Mi **jefe** es muy amable; siempre tiene algo bueno que decir sobre nuestro trabajo

the employee – el empleado

I would like to be autonomous and have my own company; I'm tired of being the **employee** of others – Me gustaría ser autónomo y tener mi propia empresa; estoy cansado de ser el **empleado** de otros

the manager – el gerente

I think I will soon be promoted to **manager**, but I am not sure if I want to be a manager – Creo que pronto me ascenderán a **gerente**, pero no estoy segura de si quiero serlo

the director – el director

The **director** of the company is never there; in fact, I think I have only seen him two or three times – El **director** de la empresa nunca está; de hecho, creo que solo lo he visto dos o tres veces

the assistant – el asistente

Jaime is my boss' **assistant,** and he is my best friend in the office; we often have drinks after six – Jaime es el **asistente** de mi jefe, y es mi mejor amigo dentro de la oficina; siempre vamos a tomar algo después de las seis

the secretary – el secretario

The **secretary** of my doctor's office has lost my appointment, again! I think he hates me – El **secretario** del consultorio de mi médico ha perdido mi cita, ¡de nuevo! Creo que me odia

intern – pasante/becario

After college, I went to work in a library as an **intern** for six months – Después de la universidad, fui a trabajar en una biblioteca como **becario** durante seis meses

coordinator – coordinador

Hello everyone, I will be the **coordinator** of this project – Hola a todos, yo seré el **coordinador** de este proyecto

supervisor – supervisor

Where is the **supervisor**? He should be here making sure everything comes out – ¿Dónde está el **supervisor**? Debería estar aquí asegurándose de que todo salga bien

Professions

the lawyer – el abogado/la abogada

My mother's **lawyer** says he cannot do anything else to help her, but I think that is a lie – El **abogado** de mi madre dice que ya no puede hacer nada más para ayudarla, pero creo que es mentira

the doctor – el médico/la médica

When Pedro grows up, he wants to be a **doctor**; he's always playing **doctor** with his stuffed animals – Cuando Pedro sea grande quiere ser **médico**; siempre está jugando al **médico** con sus peluches

the doctor – el doctor/la doctora

Alma is a **doctor** in History; she has studied at some of the best universities in the world and now she is a professor and researcher – Alma es **doctora** en Historia; ha estudiado en algunas de las mejores universidades del mundo y ahora es profesora e investigadora

the dentist – el/la dentista

The **dentist** has told me that I should stop eating sweets if I do not want to have more cavities – El **dentista** me ha dicho que debo dejar de comer golosinas si no quiero tener más caries

the scientist – el científico/la científica

Scientists in my country have developed an injection that helps prevent diabetes – Los **científicos** de mi país han desarrollado una inyección que ayuda a prevenir la diabetes

the actor/the actress – el actor/la actriz

The main **actor** of the play was excellent; he was very talented and I would like to see him again in some other play – El **actor** principal de la obra era excelente; era muy talentoso y me gustaría volver a verlo en alguna otra obra

the programmer – el programador/la programadora

Now there are more and more young people who decide to become **programmers** because it is a profession that gives them a lot of money and that is very interesting – Ahora hay cada vez más jóvenes que deciden ser **programadores** porque es una profesión que da mucho dinero y es muy interesante

the designer – el diseñador/la diseñadora

The company's **designer** is very bad; I think I can make better designs myself – El **diseñador** de la empresa es muy malo; creo que yo mismo puedo hacer mejores diseños

the writer – el escritor/la escritora

It is very difficult to be a successful **writer**; it is a profession in which you must strive hard to earn little money – Es muy difícil ser un **escritor** exitoso; es una profesión en la que debes esforzarte mucho para ganar poco dinero

the journalist – el/la periodista

There is a **journalist** who is always here asking questions about the accident, but she works for a newspaper that I do not like, so I have never answered anything – Hay una **periodista** que siempre está por aquí haciendo preguntas sobre el accidente, pero trabaja para un periódico que no me gusta, por lo que yo nunca le he respondido nada

the architect – el arquitecto/la arquitecta

I think I would like to be an **architect**, but I am afraid it is too late to change careers – Creo que me gustaría ser **arquitecto**, pero me temo que es demasiado tarde para cambiar de carrera

the secretary – el secretario/la secretaria

I can never talk to my mother; I always have to talk to her **secretary** – Nunca puedo hablar con mi madre, siempre tengo que hablar con su **secretaria**

the nurse – el enfermero/la enfermera

The **nurse** said you should avoid scratching so the problem does not get worse – La **enfermera** dijo que debes evitar rascarte para que el problema no empeore

the artist – el artista/la artista

Artists have a reputation for being very rebellious and eccentric, but I know **artists** who are rather the opposite – Los **artistas** tienen fama de ser muy rebeldes y excéntricos, pero conozco **artistas** que son más bien lo contrario

the singer – el/la cantante

My wedding's **singer** was simply great; you should call her for your parents' anniversary party – La **cantante** de mi boda fue sencillamente genial, deberías llamarla para la fiesta de aniversario de tus padres

the photographer – el fotógrafo/la fotógrafa

Jana is a **photographer**. She is always traveling for work: she takes pictures for an important magazine – Jana es **fotógrafa**. Siempre está viajando por trabajo: saca fotos para una importante revista

Chapter 43 – Free Time (Part I)

Study and work have been covered, but what about your days off? This chapter addresses vocabulary related to leisure and free time.

Nouns

the movie – la película

Tonight, I do not want to go anywhere: I would like to stay at home watching a **movie** – Esta noche, no quiero salir a ningún lado: me gustaría quedarme en casa mirando una **película**

the series – la serie

There is a TV **series** about doctors that my mother likes a lot, so now she thinks she knows about medicine – Hay una **serie** de televisión sobre médicos que a mi madre le gusta mucho, por lo que ahora cree que sabe sobre medicina

the TV show – el programa

Last night we were watching a **television show** when suddenly there was a power cut – Anoche estábamos viendo un **programa de televisión** cuando de pronto se cortó la luz

the show – el espectáculo

During the summer, there are many interesting **shows** to see in the theaters of this area – Durante el verano, hay muchos **espectáculos** interesantes para ver en los teatros de esta zona

the radio – la radio

When I was little, I liked to spend the afternoons after school lying in bed listening to the **radio** and reading magazines – Cuando era pequeña, me gustaba pasar la tarde después de la escuela tirada en la cama escuchando la **radio** y leyendo revistas

the play – la obra

Last night we went to see a theater **play**; I liked it a lot, but my father says he did not understand a thing – Anoche fuimos a ver una **obra** de teatro; a mí me gustó mucho, pero mi padre dice que no entendió nada

the theatre – el teatro

My brother is an artist: he works in the **theater** designing sets for the works - Mi hermano es artista: trabaja en el **teatro** diseñando escenografías para las obras

the cinema – el cine

The weather is not very nice: we could go to the **cinema** in the afternoon, if you feel like it – El clima no está muy lindo: podríamos ir al **cine** por la tarde, si tienes ganas

the show – la función

Remember that you must be here fifteen minutes before the **show** begins – Recuerden que deben estar aquí quince minutos antes de que comience la **función**

the ticket – la entrada

I cannot find the **tickets** anywhere. Do you have them? Could you check? – No encuentro las **entradas** por ningún lado. ¿Acaso las tienes tú? ¿Podrías mirar?

the seats – los asientos

Please, this time let's try not to sit in the front row; we should look for **seats** further back – Por favor, esta vez intentemos no sentarnos en la primera fila; busquemos **asientos** que estén más atrás

the audience – el público

I think the comedian was very funny, but the **audience** seemed more interested in the food than anything else – Creo que el cómico era muy gracioso, pero el **público** parecía más interesado en la comida que otra cosa

the game – el juego

We have many table **games** for tonight; do not forget the beers! – Tenemos muchos **juegos** de mesa para esta noche; ¡no olvidéis las cervezas!

the winner – el ganador/la ganadora

The **winner** takes all the bets! – ¡El **ganador** se lleva todas las apuestas!

the loser – el perdedor/la perdedora

I can never win this game; I am a **loser**! – Jamás puedo ganar en este juego; ¡soy una **perdedora**!

Verbs

to watch/to look – mirar/ver

Tomorrow we are going **to watch** a movie at the cinema. Do you want to come with us? – Mañana vamos a ir a **ver** una película al cine. ¿Queréis venir con nosotras?

to go out – salir

Come on, you cannot fall asleep so early. Don't you want **to go out** and have a drink with me and the guys? – Vamos, no puedes quedarte dormido tan temprano. ¿No quieres **salir** a tomar algo conmigo y con los chicos?

to drink – beber

After last night, I think I do not want **to drink** again for the rest of my life – Después de anoche, creo que no quiero volver a **beber** por el resto de mi vida

to play/gamble – jugar

Do you know how **to play** the game *el truco*? It is a typical card game of Argentina – ¿Sabés **jugar** al truco? Es un juego de cartas típico de Argentina

to dance – bailar

I would like to learn **to dance** the tango. Do you think it is very difficult? – Me gustaría aprender a **bailar** el tango. ¿Crees que es muy difícil?

to win – ganar

My team has **to win** tonight! If we do not win, we will be out of the competition – ¡Mi equipo tiene que **ganar** esta noche! Si no ganamos, estaremos fuera de la competencia

to lose – perder

I am tired of **losing** every game against my brothers; they are very competitive – Estoy cansada de **perder** en todo contra mis hermanos; ellos son muy competitivos

to attend – asistir

Tonight, we are going **to attend** a baseball game about forty minutes from here – Esta noche, vamos a **asistir** a un partido de béisbol a unos cuarenta minutos de aquí

to visit – visitar

I think we should **visit** Grandma; we have not visited her in a long time – Creo que deberíamos **visitar** a la Abuela; hace mucho tiempo que no la visitamos

to clap/to applaud – aplaudir

You should only **applaud** once, at the end of the show – Solo debes **aplaudir** una vez, al final de la función

Chapter 44 – Free time (Part II)

If the day is sunny and you are an active person, you will identify with this chapter dedicated to free time, outdoors activities, and sports.

Sports

football – fútbol

In this country, the most popular sport is **football**: all children and almost all adults play **football** – En este país, el deporte más popular es el **fútbol**: todos los niños y casi todos los adultos juegan al **fútbol**

rugby – rugby

Rugby is a very violent sport; my cousin used to play **rugby** and once he broke his nose – El **rugby** es un deporte muy violento; mi primo solía jugar al **rugby** y una vez se fracturó la nariz

tennis – tenis

I really like watching **tennis** matches live or on TV, but I do not like to play it – Me gusta mucho ver partidos de **tenis** en vivo o por televisión, pero no me gusta jugarlo

basketball – baloncesto

I'm going to the park with my friends to play **basketball**. Do you feel like coming with us? – Voy a ir al parque con mis amigos a jugar al **baloncesto**. ¿Te apetece venir con nosotros?

ball – balón

We need to buy a new **ball** for the house; the one we had is broken – Necesitamos comprar un **balón** nuevo para la casa; el que teníamos se pinchó

ball – pelota

This is a machine that throws tennis **balls** to the player, to practice – Esta es una máquina que arroja **pelotas** de tenis al jugador, para practicar

racket – raqueta

My husband loves to play tennis; he even bought a professional **racket** that cost us a lot of money – Mi esposo ama jugar al tenis; incluso se ha comprado una **raqueta** profesional que nos ha costado bastante dinero

bat – bate

Tell the children to be careful with that baseball **bat** if they do not want to get hurt – Dile a los niños que tengan cuidado con ese **bate** de béisbol si no quieren salir lastimados

Verbs

to stand up – ponerse de pie/pararse

When you count to three, everyone must **stand up** – Cuando cuentes hasta tres, todo el mundo debe **ponerse de pie**

to sit down – sentarse

We should stop for a moment; I think Grandma needs **to sit down** for a while – Deberíamos detenernos por un momento; creo que la Abuela necesita **sentarse** un rato

to play – jugar

If you want, we can **play** cards while we wait – Si quieres, podemos **jugar** a las cartas mientras esperamos

to run – correr

Every morning, if the weather is good, I **run** eight kilometers – Todas las mañanas, si hace buen clima, salgo a **correr** ocho kilómetros

to jump – saltar

Children love **to jump** on the trampoline we bought for the garden – Los niños aman **saltar** en la cama elástica que hemos comprado para el jardín

to train – entrenar

If you want to be a professional athlete, you will have **to train** for many hours every day – Si quieres ser un deportista profesional, deberás **entrenar** muchas horas todos los días

to throw – arrojar

Now, you must **throw** the ball, and I will hit it with the bat – Ahora, debes **arrojar** la bola, y yo le pegaré con el bate

Nouns

the strength – la fuerza

I would like to do push-ups, but I do not have that much **strength** – Me gustaría hacer flexiones de brazos, pero no tengo tanta **fuerza**

the step/the pace – el paso

To exercise, you must walk at a fast **pace**, not as if you were shopping – Para hacer ejercicio, debes caminar con un **paso** rápido, no como si estuvieras de compras

the hit – el golpe

I accidentally hit myself when I was playing water polo – Sin querer me he dado un **golpe** cuando estaba jugando al water polo

the match – el partido

At what time does the **match** start? I think we should get going to the stadium – ¿A qué hora comienza el **partido**? Creo que ya deberíamos ir yendo para el estadio

the game – el juego

This **game** is very boring; can we play something else? – Este **juego** es muy aburrido; ¿podemos jugar a otra cosa?

the race – la carrera

My son is getting ready for a very important **race** at his school – Mi hijo se está preparando para una **carrera** muy importante en su escuela

the stadium – el estadio

The **stadium** was full of Real Madrid supporters, so it was very sad when Barcelona won – El **estadio** estaba lleno de seguidores del Real Madrid, por lo que fue muy triste cuando ganó el Barcelona

the team – el equipo

The **team** was playing very well, but they still lost the match – El **equipo** estaba jugando muy bien, pero aún así perdieron el partido

the rules – las reglas

You must respect the **rules** of the game at all times; if not, you will be disqualified – Deben respetar las **reglas** del juego en todo momento; si no, quedarán descalificados

the tournament – el torneo

This is the oldest international soccer **tournament** in the world – Este es el **torneo** de fútbol internacional más antiguo del mundo

Chapter 45 – Nature (Part I)

If you like to be outdoors, then you definitely enjoy being surrounded by nature. The next few chapters explore nature: basic concepts, natural elements, animals, and plants.

Basic vocabulary

the nature — la naturaleza

I like **nature** a lot: I like to camp, to make bonfires, to climb mountains, and to swim in the sea - Me gusta mucho la **naturaleza**: me gusta acampar, hacer fogatas, escalar montañas, y nadar en el mar

the life – la vida

There is **life** in everything that surrounds us: in plants, in animals, in the whole planet – Hay **vida** en todo lo que nos rodea: en las plantas, en los animales, en todo el planeta

death – la muerte

Although sometimes it can be very sad, **death** is also part of the process of life – Aunque a veces puede ser muy **triste**, la muerte también es parte del proceso de la vida

to live – vivir

This is a natural reserve that was designed so that wildlife can **live** in peace – Esta es una reserva natural que fue pensada para que la fauna silvestre pueda **vivir** en paz

to die – morir

These are the rules of life: everything that is born at some point must **die** – Son las reglas de la vida: todo lo que nace en algún momento debe **morir**

to be born – nacer

Our daughter will **be born** in the spring; maybe we can call her Flor – Nuestra hija va a **nacer** en la primavera; quizá podemos llamarla Flor

to grow up – crecer

I **grew up** in a very poor neighborhood; luckily, the people were very friendly, and we looked after each other – **Crecí** en un barrio muy pobre; por suerte, la gente era muy amable, y nos cuidábamos entre todos

natural – natural

It is **natural** that you feel sad about the death of your fish, but soon you will be fine – Es **natural** que te sientas triste por la muerte de tu pecesito, pero pronto estarás bien

Environment

the environment – el medioambiente

It is very important that new generations learn to take care of the **environment** – Es muy importante que las nuevas generaciones aprendan a cuidar el **medioambiente**

the cold – el frío

I do not like the **cold** at all; in fact, I would like to live in a tropical country, where it is hot all year round – No me gusta para nada el

frío; de hecho, me gustaría vivir en un país tropical, donde haga calor todo el año

the heat – el calor

It is very hot in Honduras, so all shops, restaurants, and hotels have air conditioning – Hace mucho **calor** en Honduras, por lo que todas las tiendas, los restaurants, y los hoteles tienen aire acondicionado

the water – el agua

Would you like to swim in the **water** for a while? – ¿Te gustaría nadar en el **agua** un rato?

the fire – el fuego

I think the **fire** is going out; we should throw in another log – Creo que el **fuego** se está apagando; deberíamos echarle otro tronco de leña

the light – la luz

What I like most about this apartment is that it is very bright: **light** enters everywhere as the windows occupy almost the entire wall - Lo que más me gusta de este apartamento es que es muy luminoso: entra **luz** por todos lados ya que las ventanas ocupan casi toda la pared

the air – el aire

We should go out and get some fresh **air**! There are too many people in this club – ¡Deberíamos salir a tomar **aire** fresco! Hay demasiada gente dentro de este club

the wind – el viento

I really like to open the car windows and feel the fresh **wind** on my face – Me gusta mucho abrir las ventanillas del coche y sentir el **viento** fresco en mi rostro

the time – el tiempo

So far, we have had an excellent **time** during the trip; but it looks like tomorrow it's going to rain – Hasta ahora, nos ha tocado un

tiempo excelente durante el viaje; pero parece que mañana va a llover

the weather/the climate – el clima

The **climate** of this area of Spain is not so different from the **climate** of Argentina; in fact, temperatures and humidity are very similar – El **clima** de esta zona de España no es tan distinto del **clima** de Argentina; de hecho, las temperaturas y la humedad son muy similares

the temperature – la temperatura

Today's **temperature** is perfect for going for a walk, and tomorrow's **temperature** will be even better – La **temperatura** hoy es perfecta para salir a caminar, y la **temperatura** de mañana será mejor aún

the rain – la lluvia

It is raining, but it is not very serious: it is a **light** rain, which does not prevent us from walking to the house – Esta lloviendo, pero no es muy grave: es una **lluvia** leve, que no nos impide caminar hasta la casa

the storm – la tormenta

I think a **storm** is coming: look at that black cloud in the sky! – Creo que se acerca una **tormenta**: ¡mira esa nube negra en el cielo!

the sun – el sol

When the **sun** rises, we will get up and go to the beach before all the tourists arrive – Cuando salga el **sol**, nos levantaremos e iremos a la playa antes de que lleguen todos los turistas

the moon – la luna

Look at the full **moon**! It's beautiful – ¡Mira la **luna** llena! Es preciosa

the star – la estrella

When I was little, I thought that the **stars** were fireflies that were flying very high in the sky – Cuando era pequeña, pensaba que las **estrellas** eran luciérnagas que estaban volando muy alto en el cielo

the stone – la roca

The beach of this city is very beautiful, but there is no sand; there are only **rocks** – La playa de esta ciudad es muy bella, pero no hay arena; solo hay **rocas**

Chapter 46 – Nature (Part II)

In this section, you will find specific vocabulary related to plans and man's best friends: animals!

Plants

the plant – la planta

In front of my building, there is a beautiful **plant** with blue flowers – Frente a mi edificio, hay una hermosa **planta** con flores azules

the tree – el árbol

This is an apple **tree**; if you come back before harvest time, you will see that it produces some beautiful red apples – Este **árbol** es un manzano; si regresas antes de la época de la cosecha, verás que produce unas hermosas manzanas rojas

the flower – la flor

These are jasmine **flowers**; I chose them for my wedding because jasmine was my mother's favorite **flower**, and it is as if she were here – Estas son **flores** de jazmín; las elegí para mi boda porque eran la **flor** favorita de mi madre, y así es como si estuviera aquí

the leaf – la hoja

I have a dry **leaf** of the day we met, when we went for a walk in the woods. It was autumn, remember? – Tengo una **hoja** seca del día en que nos conocimos, cuando fuimos a pasear por el bosque. Era otoño, ¿lo recuerdas?

Animals

the animal – el animal

I really like **animals**; I think I would like to study to be a veterinarian – Me gustan mucho los **animals**; creo que me gustaría estudiar para ser veterinaria

dog – perro

When I was little, I had a **dog** named Max; it was a big and hairy English shepherd – Cuando era pequeño, tenía un **perro** que se llamaba Max; era un pastor inglés, grande y peludo

cat – gato

I really like **cats**, more than dogs; I have four **cats** in my house – Me gustan mucho los **gatos**, más que los perros; tengo cuatro **gatos** en mi casa

fish – pez

I do not like pets very much, but I have a **fish** in my parents' house; it is a small golden **fish** called Goldie – No me gustan mucho las mascotas, pero tengo un **pez** en casa de mis padres; es un pequeño **pez** dorado llamado Goldie

bird – pájaro

Sometimes I would like to be a **bird**, to be able to fly and see the whole world from the sky – A veces me gustaría ser un **pájaro**, para poder volar y ver todo el mundo desde los cielos

the mouse – el ratón

The computer **mouse** is so called because it looks like a **mouse**: the cord is its tail – El **ratón** del ordenador se llama así porque se parece a un **ratón**: el cable es su cola

the rat – la rata

I think there are **rats** in this warehouse: every time I store some food, the packages appear broken – Creo que hay **ratas** en este almacén: cada vez que dejo algo de comida, aparecen los paquetes rotos

the snake – la serpiente

Do not be afraid; there are no poisonous **snakes** in that area more than those that live in the zoo – No tengas miedo; no hay **serpientes** venenosas en esa zona, más que las que viven en el zoológico

the fly – la mosca

There is a **fly** in my room that has not let me sleep all night – Hay una **mosca** en mi habitación que no me ha dejado dormir en toda la noche

the mosquito – el mosquito

To avoid catching dengue, you should stay away from places where there are many **mosquitoes**, and always carry bug repellent with you – Para no contagiarte dengue, debes mantenerte alejado de los sitios donde hay muchos **mosquitos**, y siempre llevar repelente contigo

the bee – la abeja

I am allergic to **bee** stings; please, let me know if you see one – Soy alérgico a las picaduras de **abeja**; por favor, avísame si ves una

the butterfly – la mariposa

I really like the **butterflies** of this place: they are very colorful – Me gustan mucho las **mariposas** de este sitio: son muy coloridas

the cow – la vaca

We are staying in a very picturesque rural hotel, surrounded by **cows**; we have fresh milk every morning – Estamos hospedándonos en un hotel rural muy pintoresco, rodeado de **vacas**; tenemos leche fresca todas las mañanas

the sheep – la oveja

I like **sheep**'s cheese more than cow's cheese: it's tastier – El queso de **oveja** me gusta mucho más que el queso de vaca: es más sabroso

the pig – el cerdo

Pigs have a very bad reputation, but they are not as dirty as everyone says – Los **cerdos** tienen muy mala fama, pero no son tan sucios como todo el mundo dice

the chicken – la gallina

When I was little, I used to spend summers at my grandmother's farm, where I would feed the **chickens** and collect their eggs – Cuando era pequeña, solía pasar los veranos en la granja de mi abuela, donde me encargaba de alimentar a las **gallinas** y recoger sus huevos

the rabbit – el conejo

Alice follows a white **rabbit** through its burrow to Wonderland – Alicia sigue a un **conejo** blanco por su madriguera hasta el País de las Maravillas

the horse – el caballo

We could book a horseback excursion to see the area – Podríamos reservar una excursión a **caballo** por la zona

the species – la especie

The human being is the most productive **species** on the planet, but also the most destructive one – El ser humano es la **especie** más productiva del planeta, pero también las más destructiva que hay

domestic – doméstico

Dogs, cats, and all farm animals are **domestic** animals – Los perros, los gatos, y todos los animales de granja son animales **domésticos**

wild – salvaje

In this area, there are many **wild** animals; you must be careful – En esta zona, hay muchos animales **salvajes**; debes tener cuidado

Chapter 47 – Geography (Part I)

Moving forward from nature, this chapter talks about geography. Do not worry if you did not like this subject at school: if you like traveling, you will certainly find these words interesting to learn now.

Nouns

the country – el país

Venezuela is a **country** that I have always wanted to visit, but for the moment, I will visit other **countries** until their political situation stabilizes – Venezuela es un **país** que siempre he querido visitar, pero por el momento, visitaré otros **países**, hasta que su situación política se estabilice

the town – el pueblo

In my parents' home**town**, every year they have a party dedicated exclusively to cheese – En el **pueblo** de origen de mis padres, todos los años tienen una fiesta dedicada exclusivamente al queso

the city – la ciudad

I think that I don't really like big **cities**; now I live in a **city**, but it is quite small – Creo que cada vez me gustan menos las **ciudades** grandes; ahora vivo en una **ciudad**, pero es bastante pequeña

the province – la provincia

This country is divided into twenty-four **provinces**; each of them has something nice to see – Este país está dividido en veinticuatro **provincias**; cada una de ellas tiene algo lindo para ver

the region – la región

This is my favorite **region** of Spain since they have the best food and the best drink – Esta es mi **región** favorita de España ya que tienen la mejor comida y la mejor bebida

the countryside – el campo

During this summer, we will not go to the sea nor the mountain: we will go to the **countryside**! – Durante este verano, no iremos al mar ni a la montaña: ¡iremos al **campo**!

the mountain – la montaña

There is a shelter on top of the **mountain** where people go skiing or just to enjoy the snow – Hay un refugio en lo alto de la **montaña** donde la gente va a esquiar o simplemente a disfrutar de la nieve

the jungle – la jungla/la selva

I would like to go to the Colombian **jungle**, but I think we should get a good guide to lead us – Me gustaría ir a la **selva** colombiana, pero creo que deberíamos conseguir un buen guía que nos lleve

the sea – el mar

I love the **sea**. Once I am in the water, I do not want to go out; I could stay there for hours – Amo el **mar**. Una vez que estoy dentro del agua, no quiero salir; podría quedarme allí durante horas

the ocean – el océano

Argentina, Uruguay, and Brazil are facing the Atlantic **Ocean**, while Chile, Peru, and Ecuador are on the side of the Pacific **Ocean** – Argentina, Uruguay, y Brasil están frente al **océano** Atlántico, mientras que Chile, Perú, y Ecuador están del lado del **océano** Pacífico

the wave – la ola

When you are surfing, sometimes you have to wait for a long time until the right **wave** arrives – Cuando estás surfeando, a veces debes esperar un buen rato hasta que llega la **ola** adecuada

the river – el río

If you walk along the **river** for a while, you will arrive at a small town called Lasarte where they make a very good potato omelette – Si caminas junto al **río** por un buen rato, llegarás a un pequeño pueblo llamado Lasarte donde hacen una tortilla de papa muy buena

the shore – la orilla

Yesterday we had a picnic on the river **shore** – Ayer hicimos un picnic a la **orilla** del río

the beach – la playa

I prefer the **beach** in the winter when there are no people; now it is crowded with tourists – Prefiero la **playa** en invierno cuando no hay gente; ahora está atestada de turistas

the desert – el desierto

We have made an excursion to the **desert** of Catamarca, where we even spent a night under the full moon – Hemos hecho una excursión al **desierto** de Catamarca, donde incluso pasamos una noche bajo la luna llena

the place – el sitio

My favorite **place** in the world to travel is Southern Spain – Mi **sitio** preferido del mundo para viajar es el sur de España

the place – el lugar

I never thought that the people of this **place** would be so kind and friendly – Jamás pensé que la gente de este **lugar** sería tan amable y simpática

the location – la ubicación

Could you send me your exact **location**? – ¿Podrías enviarme tu **ubicación** exacta?

the map – el mapa

On this **map**, I marked the place where we have to go – En este **mapa**, he marcado el sitio donde tenemos que ir

the capital – la capital

Lima is the **capital** of Peru; it is a very beautiful city. Do not miss the opportunity to get to know it – Lima es la **capital** de Perú; es una ciudad muy Hermosa. No dejes pasar la oportunidad de conocerla

The globe

the north – el norte

If you go to the extreme **north** of Latin America, you will arrive in Mexico – Si vas al extremo **norte** de América Latina, llegarás a México

the south – el sur

In the **south** of Argentina, there are very beautiful places to know: like El Bolsón, Bariloche, Puerto Madryn, and Tierra del Fuego – En el **sur** de Argentina, hay sitios muy bellos para conocer: como El Bolsón, Bariloche, Puerto Madryn, y Tierra del Fuego

the east – el este

According to the map, we must now head **east** and stay on course for about half an hour – Según el mapa, ahora debemos dirigirnos al **Este** y mantener el rumbo por una media hora

the west – el oeste

Chile is to the **west** of Argentina – Chile está al **Oeste** de Argentina

the Earth – la Tierra

In all the **Earth,** there is no restaurant where they serve food as delicious as this – En toda la **Tierra** no hay un restaurante donde sirvan comida tan deliciosa como esta

Chapter 48 – Geography (Part II)

In this chapter, you are going to learn the specific names of continents, countries, and some languages. You will definitely need to know these words when speaking to local people in Latin America and Spain, to explain where you come from, which languages you speak, and so on.

The continents

America – América

America is a very large continent with many countries, in most of which they hate when someone says "**America**" to talk about the United States – **América** es un continente muy grande con muchos países, en la mayoría de los cuales odian que se hable de "**América**" para hablar de Estados Unidos.

North America – América del Norte/Norteamérica

North America is made up of only three countries: Canada, the United States, and Mexico – **América del Norte** está conformada por solo tres países: Canadá, Estados Unidos, y México

Central America – América Central/Centroamérica

Many of the countries of **Central America** are islands – Muchos de los países de **Centroamérica** son islas

South America – América del Sur/Sudamérica

I have never left **South America**: I was born in Uruguay, but I lived most of my life in Chile – Nunca he salido de **América del Sur**: he nacido en Uruguay, pero viví casi toda mi vida en Chile

Europe – Europa

In **Europe**, the only country where Spanish is spoken is Spain, but is is also studied in schools in other countries – En **Europa**, el único país en el que se habla español es España, pero también se estudia en las escuelas en otros países

Asia – Asia

Once I know all of Latin America, I would like to travel to Southeast **Asia** – Una vez que conozca todo Latinoamérica, me gustaría viajar al sudeste de **Asia**

Africa – África

I have known all the continents, but from **Africa,** I have only been to Morocco, so I would like to return – He conocido todos los continentes, pero de **África,** solo he ido a Marruecos, por lo que me gustaría volver

Oceania – Oceanía

The islands are often grouped with the nearest continent to divide land into regions. Due to this, most island countries in the Pacific Ocean form a geopolitical regon called **Oceania** – Las islas a menudo se agrupan con el continente más cercano para dividir la tierra en regiones. Debido a esto, la mayoría de los países insulares del Océano Pacífico forman una región geopolítica llamada Oceania.

Countries

Spain – España

After finishing college, I will go to **Spain** for six months to practice my Spanish – Después de terminar la universidad, me iré seis meses a **España** a practicar mi español

Mexico – México

My husband is from **Mexico** and I am Spanish, so our daughter has both nationalities – Mi esposo es de **México** y yo soy española, por lo que nuestra hija tiene ambas nacionalidades

Dominican Republic – República Dominicana

Many of the young people of the **Dominican Republic** aspire to emigrate to the United States – Muchos de los jóvenes de **República Dominicana** aspiran a emigrar a los Estados Unidos

Peru – Perú

What I liked most about my trip to **Peru** were the Machu Picchu ruins – Lo que más me ha gustado de mi viaje a **Perú** han sido las ruinas de Machu Picchu

The United States – Los Estados Unidos

Since there are so many Latinos in the **United States**, it is sometimes considered a part of Latin America – Ya que hay tantos latinos en **Estados Unidos**, se lo considera a veces como una parte de América Latina

The United Kingdom – El Reino Unido

Many people from the **United Kingdom** spend their holidays in Spain because it is very close, it is cheaper, and has better weather – Mucha gente del **Reino Unido** pasa sus vacaciones en España porque está muy cerca, es más barato, y tiene mejor clima

France – Francia

I am from **France**, but I have lived the last eight years in Valladolid – Yo soy de **Francia**, pero he vivido los últimos ocho años en Valladolid

Germany – Alemania

I studied Spanish at my school, in **Germany**, but I finished school many years ago, and I should practice – Yo estudiaba español en mi escuela, en **Alemania**, pero terminé la escuela hace muchos años, y debería practicar

Nouns

the country – el país

I believe that Costa Rica is the most beautiful **country** in the world because of its landscapes and its people – Yo creo que Costa Rica es el **país** más bonito del mundo por sus paisajes y por su gente

the state – el Estado

The Uruguayan **State** collects taxes from the population and invests them in health and education – El **Estado** uruguayo recolecta impuestos de la población y los invierte en salud y educación

the nation – la nación

A state is not the same as a **nation**: the **nation** is defined by a cultural identity – No es lo mismo un Estado que una **Nación**: la **Nación** se define por una identidad cultural

the continent – el continente

Across the **continent**, my favorite country is Cuba, for its music, food, and art – En todo el **continente**, mi país preferido es Cuba, por su música, su comida, y su arte

Languages

Remember that, in Spanish, languages are not capitalized!

Spanish – español

Yes, I speak **Spanish**, but not too well; if you speak slowly, I can understand you – Sí, hablo **español**, pero no demasiado bien; si hablas despacio, puedo comprenderte

English – inglés

Do you happen to speak **English**? Do you know someone who speaks **English**? – ¿Por casualidad usted habla algo de **inglés**? ¿Conoce a alguien que hable **inglés**?

German – alemán

In addition to English and Spanish, I speak a little **German**, but not too well – Además de inglés y español, hablo un poco de **alemán**, pero no demasiado bien

French – francés

My mother tongue is **French**, but I know Spanish since I was little because my mother is Spanish – Mi idioma materno es el **francés**, pero sé español desde que soy pequeño, porque mi madre es española

Portuguese – portugués

I do not speak **Portuguese**, but it is very similar to Spanish, so I had no problem communicating when I went to Brazil – No hablo **portugués**, pero es muy parecido al español, por lo que no tuve problemas para comunicarme cuando fui a Brasil

Chapter 49 – The City

Latin America and Spain have beautiful beaches, mountains, countrysides, and even jungles and forests. However, even if you like nature, during your trip, you will certainly visit some cities, even if it is only for a short time. Maybe you are *only* going to spend time in cities, which is where, in the end, people are. In this chapter, you will find the vocabulary you need to move around the city.

Nouns

the address – la dirección

I have the hotel **address** written down on a piece of paper, but I cannot find it anywhere – Tengo anotada la **dirección** del hotel en un trozo de papel, pero no puedo encontrarla por ningún lado

the directions – las indicaciones

I think we should ask someone for **directions**; we have been walking in circles for more than one hour – Creo que deberíamos pedir **indicaciones** a alguien; hemos estado caminando en círculos más de una hora

the road – el camino/la carretera

This **road** takes us directly to the airport – Esta **carretera** nos lleva directamente al aeropuerto

the street – la calle

Be careful on the **street**: this city is not as safe at night as it is during the day – Ten cuidado en la **calle**: esta ciudad no es tan segura de noche como lo es de día

the avenue – la avenida

Our hostel is on the main **avenue** of the city; the location is excellent, but it is a bit noisy – Nuestro hostal está en la **avenida** principal de la ciudad; la ubicación es excelente, pero es un poco ruidoso

the city center – el centro

In the old **center** of the city, there are places to eat, but they are somewhat expensive; maybe we should look for something in the modern part – En el **centro** antiguo de la ciudad, hay sitios para comer, pero son algo caros; quizá nos convenga buscar algo en la parte más moderna

the outskirts – las afueras

We have found a very nice and cheap apartment for rent in the **outskirts** of the city – Hemos encontrado un apartamento en alquiler muy lindo y barato en las **afueras** de la ciudad

the park – el parque

If you cross this **park**, you will be in the center of the city in a few minutes – Si cruzas este **parque**, estarás en el centro de la ciudad en pocos minutos

the square – la plaza

In the main **square** of the city, there is not much to see, but it is still where all the tourists gather – En la **plaza** principal de la ciudad, no hay mucho que ver, pero aún así es donde se reúnen todos los turistas

the building – el edificio

The poet Pablo Neruda used to live in that **building** – En ese **edificio** solía vivir el poeta Pablo Neruda

the bridge – el puente

This **bridge** is very new; the last time I came to the city it had not yet been built – Este **puente** es muy nuevo; la última vez que vine a la ciudad aún no lo habían construido

the sidewalk – la acera/la vereda

We should not be walking in the street; we should go to the **sidewalk** – No deberíamos estar caminando por la calle; deberíamos ir por la **acera**

the parking lot – el aparcamiento/el estacionamiento

We have been looking for a **parking lot** for half an hour, but we did not find any – Estamos hace media hora buscando un **aparcamiento**, pero no encontramos ninguno

Signs

open – abierto

The supermarket is **open** – El supermercado está **abierto**

closed – cerrado

The coffee shop is **closed** – La cafetería está **cerrada**

entrance – entrada

We arrived in the stadium, but we can't find the **entrance** – Llegamos al estadio, pero no podemos encontrar la **entrada**

exit – salida

Keep in mind the location of the emergency **exit** – Ten en cuenta la ubicación de la **salida** de emergencia

push – empuje

You cannot open the door because you are pulling, but it says "**push**" – No puedes abrir la puerta porque estás tirando, pero dice "**empuje**"

pull – tire

You cannot open the door because you are pushing, but it says "**pull**" – No puedes abrir la puerta porque estás empujando, pero dice "**tire**"

occupied – ocupado

I think this bathroom is **occupied**, but that one is free – Creo que este baño está **ocupado**, pero ese está libre

free – libre

This register is **free**, is anyone waiting to pay? – Esta caja está **libre**, ¿alguien está esperando para pagar?

the traffic light – el semáforo

Here the **traffic lights** are bigger than in my country – Aquí los **semáforos** son más grandes que en mi país

forbidden – prohibido

It is completely **forbidden** to feed the animals – Está completamente **prohibido** alimentar a los animales

opening hours – horario

The store's **opening hours** are from nine to twelve, in the morning, and from three to seven, in the afternoon – El **horario** de la tienda es de nueve a doce, por la mañana, y de tres a siete, por la tarde

information – información

We should look for an **information** desk to tell us how to get to the city from here; all airports have one – Deberíamos buscar un escritorio de **información** para que nos indique cómo llegar hasta la ciudad desde aquí; todos los aeropuertos tienen uno

Chapter 50 – Society, Culture, and Economy

Congratulations! You are almost done with the book! This second-last chapter talks about society, culture, and economy.

Basic vocabulary

the culture – la cultura

Remember that this **culture** is very different from ours. Do not expect people to act as you would – Recuerda que esta es una **cultura** muy diferente a la nuestra. No esperes que la gente actúe como lo harías tú

the society – la sociedad

In all **societies,** there are sexist problems, but in some, they are more visible than in others – En todas las **sociedades,** hay problemas sexistas, pero en algunas, se notan más que en otras

the people – el pueblo

A large part of the **people** of Colombia is poor, while a few share all the money – Una gran parte del **pueblo** de Colombia es pobre, mientras que unos pocos se reparten todo el dinero

the population – la población

The **population** of this country has increased a lot in the last ten years – La **población** de este país ha aumentado mucho en los últimos diez años

the tradition – la tradición

Here there is a very special **tradition** in the New Year: the children of each neighborhood build a giant cardboard figure and then they set it on fire at midnight on December 31 – Aquí hay una **tradición** muy especial en Año Nuevo: los niños de cada barrio construyen un muñeco gigante de cartón y luego le prenden fuego en la medianoche del 31 de diciembre

the custom – la costumbre

The **custom** here is for the hosts to cook something delicious for their guests – La **costumbre** aquí es que los anfitriones cocinen algo rico para sus invitados

the ideology - la ideología

Political issues sometimes have nothing to do with a particular **ideology** – Las cuestiones políticas a veces no tienen que ver con una **ideología** en particular

the ceremony – la ceremonia

Juan wants to participate in a typical **ceremony** of this town – Juan quiere participar en una **ceremonia** típica de este pueblo

the ritual – el ritual

Children always make up their own **rituals** – Los niños siempre inventan sus propios **rituales**

the celebration – la celebración

The **celebration** of San Juan is the most important party in this city – La **celebración** de San Juan es la fiesta más importante de esta ciudad

the symbol – el símbolo

Carnations are a **symbol** of death – Los claveles son un **símbolo** de la muerte

the vocabulary – el vocabulario

I feel that my Spanish is very good, but I would like to have more **vocabulary** – Siento que mi español es muy bueno, pero me gustaría tener más **vocabulario**

the production – la producción

The **production** of apples in the region is at its best – La **producción** de manzanas en la región está en su mejor momento

the breeding – la ganadería

The main activity of this region is **breeding** livestock – La actividad principal de esta región es la **ganadería**

the market – el mercado

The central **market** is the best place to get fruits and vegetables at a good price – El **mercado** central es el mejor sitio para conseguir frutas y verduras a buen precio

Adjectives

social – social

When the same problem affects many people, it becomes a **social** problem – Cuando un mismo problema afecta a mucha gente, se convierte en un problema **social**

popular – popular

This is a very **popular** area; here, people do not have too much money, but they are very cheerful, and they like to have fun – Esta es una zona muy **popular**; aquí, la gente no tiene demasiado dinero, pero es muy alegre, y le gusta divertirse

civil – civil

You should talk to the **Civil** Guard to report the theft – Deberías hablar con la guardia **civil** para denunciar el robo

public – público/pública

All expenses of politicians are **public** – Todos los gastos de los políticos son **públicos**

cultural – cultural

Racism is a **cultural** problem that is very difficult to eradicate; however, it improves every year – El racismo es un problema **cultural** muy difícil de erradicar; sin embargo, mejora todos los años

economic – económico/económica

The **economic** panorama of the region is improving, after a deep economic crisis that affected these countries for several years – El panorama **económico** de la región está mejorando, tras una profunda crisis económica que afectó a estos países durante varios años

diverse – diverso/diversa

Colombian society is very **diverse** – La sociedad colombiana es muy **diversa**

poor – pobre

While the crisis is not affecting the richest people, the **poor** part of society is suffering – Si bien la crisis no está afectando a la gente más rica, la parte **pobre** de la sociedad está sufriendo

rich – rico/rica

The Cuban musical culture is very **rich** in its variety of influences – La cultura musical cubana es muy **rica** en su variedad de influencias

traditional – tradicional

This is a very **traditional** rhythm of the area – Este es un ritmo muy **tradicional** de la zona

Chapter 51 – Technology

You have made it to the last chapter of the book! Since technology is very important in everyday life, this chapter is dedicated to this subject, so you can always ask for the Wi-Fi password, or buy a phone charger wherever you are.

Nouns

the internet – internet

Before making the reservation, we would like to know if the hotel has **internet** available for the guests – Antes de hacer la reserva, nos gustaría saber si el hotel cuenta con **internet** disponible para los huéspedes

the phone – el teléfono

My **phone**'s screen broke. Do you know any place where I could get it repaired? – Se ha roto la pantalla de mi **teléfono**. ¿Conoce algún sitio donde podría repararla?

the cellphone/the mobile phone – el teléfono móvil

I cannot find my **mobile phone** anywhere; I think I forgot it in the car – No encuentro mi **teléfono móvil** por ningún lado; creo que me lo he olvidado en el automóvil

the adapter – el adaptador

The first thing we need to do when we get there is to buy an **adapter** to charge our phones – Lo primero que tenemos que hacer cuando lleguemos allí es comprar un **adaptador** para cargar nuestros teléfonos

the screen – la pantalla

The **screen** of your laptop is very dirty; you should clean it – La **pantalla** de tu ordenador portátil está muy sucia; deberías limpiarla

the computer – el ordenador/la computadora

My husband has bought me a new **computer** for my birthday – Mi esposo me ha comprado un **ordenador** nuevo para mi cumpleaños

the cord – el cable

We need a longer **cord** – Necesitamos un **cable** más largo

the outlet/the plug – el enchufe

The **plugs** in this country are very different from the **plugs** in my country; we need an adapter – Los **enchufes** de este país son muy distintos de los **enchufes** de mi país; necesitamos un adaptador

social media – las redes sociales

Do you want to tell me your user in **social media**? So we can keep in touch after the trip – ¿Quieres decirme tu usuario en las **redes sociales**? Así podremos mantenernos en contacto después del viaje

the keyboard – el teclado

Yesterday I was eating cookies while using the computer, and now the whole **keyboard** is full of crumbs – Ayer estaba comiendo galletas mientras utilizaba el ordenador, y ahora todo el **teclado** está lleno de migas

the Wi-Fi – el Wi-Fi

Please, could you tell me the name of the internet network and the **Wi-Fi** password? – Por favor, ¿podría decirme el nombre de la red de internet y la contraseña del **Wi-Fi**?

the network – la red

Both the name of the internet **network** and the Wi-Fi password are the name of the restaurant – Tanto el nombre de la **red** de internet como la contraseña del Wi-Fi son el nombre del restaurante

the password – la contraseña/la clave

The Wi-Fi **password** is too long and complicated to remember. Could we change it for something simpler? – La **contraseña** del Wi-Fi es demasiado larga y complicada como para recordarla. ¿Podríamos cambiarla por algo más sencillo?

Verbs

to google – googlear

Could you **google** if there is a good restaurant in this area? – ¿Podrías **googlear** si hay algún buen restaurante por esta zona?

to post – publicar

Please, do not even think about **posting** that photo on Instagram! – Por favor, ¡ni se te ocurra **publicar** esa foto en Instagram!

to tweet – tuitear

Carla is always **tweeting** everything we do – Carla siempre va **tuiteando** todo lo que hacemos

to follow – seguir

I want **to follow** you on Instagram. Who is your user? - Te quiero **seguir** en Instagram. ¿Quien es tu usuario?

to plug in – enchufar

Remember **to plug in** the phone before falling asleep so that the same thing as today does not happen – Recuerda **enchufar** el teléfono antes de dormirte para que no te suceda lo mismo que hoy

to unplug – desenchufar

I think you can **unplug** my phone; it is charged – Creo que ya puedes **desenchufar** mi teléfono; está cargado

to go online – conectarse

Matías wants **to go online** for a while to talk with his family. Could he borrow your phone? – Matías quiere **conectarse** un rato para hablar con su familia. ¿Podrías prestarle tu teléfono?

to upload – subir

I will **upload** these photos to my cloud so I won't lose them in case I lose the camera – Voy a **subir** estas fotos a mi nube para no perderlas en caso de perder la cámara de fotos

to download – descargar

I'm going **to download** a movie so we can watch it tonight when you come back from work. What do you think? – Voy a **descargar** una película para que la veamos esta noche cuando vuelvas del trabajo. ¿Te parece bien?

to install – instalar

To edit the photos, you need **to install** a specific program on your computer – Para editar las fotos, necesitas **instalar** un programa específico en tu computadora

to uninstall – desinstalar

I am going to **uninstall** this application from my phone because I never use it – Voy a **desinstalar** esta aplicación de mi teléfono porque nunca la uso

to delete – eliminar

You should **delete** that photo; I look horrible! – Deberías **eliminar** esa foto; ¡me veo horrible!

Conclusion

Hopefully, you enjoyed this Spanish phrase book and that, by reading these 2,500 words and sentences, you got the basics to understand and speak this beautiful language.

Now, no matter where you are in Latin America or Spain, you will have the essentials to carry out a basic conversation, shop, make friends, talk about yourself, and much more.

However, Spanish is not just learned in books—you can explore Spanish even further by reading Spanish short stories, novels, newspapers, and websites, as well as watching films in Spanish, to immerse yourself in as many Spanish-speaking countries as you can.

This is nothing but a starting point, and it should have been useful in taking your first steps into this amazing, complex, and ever-changing language.

¡*Buena suerte!*

Check out another book by Simple Language Learning

www.ingramcontent.com/pod-product-compliance
Lightning Source LLC
Chambersburg PA
CBHW030107100526
44591CB00009B/317